AF359445

SALON DE 1834,

ANALYSE

DE SES PRODUCTIONS LES PLUS REMARQUABLES,

PAR LE GÉNÉRAL D'ALVIMAR.

Auteur du *Mentor des rois*, ouvrage politique et militaire; des *Considéra-tions sur le gouvernement républicain*, ouvrage inédit dans le même genre; de plusieurs poëmes, également inédits; et des tableaux représentant *la Procession des serpens, en Egypte*; *Hercule qui assomme Cacus*; *Milon de Crotone dévoré par les loups*; *Judith venant de tuer Holopherne*; *deux grandes Bacchanales*; *une petite*; *la Jeune fille qui se regarde dans un psyché*; *celle donnant à boire à un serpent* (*l'Innocence*); *la Fiancée grecque, à Athènes*; *les Mamelucs à cheval dans les environs du Kaire*; *les Turcs de l'île de Candie*; *les Officiers de la maison du Grand-Seigneur, à Constantinople*; *les Vues de Mexico, de Chio*, etc., tableaux qui, par suite d'un insigne guet-apens, ont été exclus en masse du Salon par le jury séant au Musée-Royal en 1833.

Paris,

CHEZ G.-A. DENTU, IMPRIMEUR-LIBRAIRE,

rue d'Erfurth, n° 1 *bis*;

ET PALAIS-ROYAL, GALERIE VITRÉE, N° 13.

—

1834.

SALON DE 1834,

PAR LE GÉNÉRAL D'ALVIMAR.

Vitam impendere vero.

Plutôt mourir que trahir la vérité.

Répugnant à descendre dans l'arène avrprès l'insigne perversité avec laquelle on n'a pas rougi de se conduire à mon égard, au moins je puis encore être spectateur; je vais en profiter. Public, c'est pour toi que j'écris. Oui, pour toi, bon public, qui, pour me servir de l'expression de Fabrice dans *Gilblas, es une bonne vache à lait qui se laisse facilement traire par ceux dont souvent les ouvrages ne valent pas le diable, quoiqu'ils aient un étonnant succès.* Ne crois pas cependant que j'aie l'intention de parler de tous les tableaux du Salon; je ne m'occuperai que de ceux qu'on puisse avoir vu soi-même avec attention, car je ne me fie au dire de personne à cet égard. Mon choix tombera naturellement sur les toiles qui attirent le plus le public, bien qu'il y en ait probablement plus d'une ignorée qui mérite son intérêt; mais outre l'impossibilité où je suis de tout connaître, tu dois savoir par expérience la difficulté qu'on éprouve au milieu du brouhaha continuel de l'exposition, des distractions qu'on rencontre, du mauvais jour souvent défavorable aux tableaux, et la fatigue inséparable de celui qui veut analyser tant d'ouvrages. Une chose t'étonnera peut-être, quoiqu'elle soit propre à m'attirer ta confiance. Bien que les beaux-arts, et surtout la peinture, soient mon occupation principale depuis quelques années, je ne connais point un seul des artistes dont je vais parler. Cela t'assure au moins que je ne suis d'aucune coterie, par conséquent je ne te tromperai pas comme tant d'articles écrits uniquement pour faire l'apothéose de ceux qu'ils encensent. Quelques-uns aussi ne voient rien au Salon que pour le rapporter à la politique, et saisir ce qui peut être utile à leur parti. Enfin, il en est qui divaguent tellement en se livrant à leur imagination, qu'ils te parlent de peinture comme Phormion d'Ephèse parlait de guerre devant Annibal.

Avant tout, je crois utile de fixer le vrai thermomètre du talent de nos premiers peintres en ce moment. Celui-ci vante l'un, celui-là vante l'autre. Comment le public se reconnaîtrait-il au milieu de la confusion de cette vraie tour de Babel, surtout quand la prétention de juger n'ayant jamais été répandue aussi généralement, et l'unanimité chez nous en ce moment étant rare comme le phénix, il est difficile de saisir la vérité ? Crois-moi, lecteur, il existe en France environ dix peintres du premier ordre auxquels j'accorde la même somme de talent, quoiqu'en monnaie différente, mais de même valeur, sans qu'on en puisse citer un qui soit doué d'une véritable excentricité. Deux ou trois anciennes bouffées semi-homériques de Gros seulement s'élèvent au-dessus de tout cela. Pour mieux faire comprendre ma pensée, Horace Vernet, par exemple, est sans contredit celui de nos peintres qui a le plus d'adresse et de facilité ; mais il est sans élévation dans sa pensée, et dépourvu de caractère dans son exécution. Naturellement irréfléchi, sa première idée est presque toujours manquée. Sans parler de *la Bataille d'Hastings,* dans laquelle l'expression d'Edith au cou de cygne est fausse, on lui demande *la Bataille de Bouvines,* et il fait Philippe-Auguste qui a l'air d'entendre la messe avant d'aller à la chasse. Dans *la Bataille de Fontenoi,* également, Louis XV et surtout le maréchal de Saxe, les deux figures principales, sont ce qu'il y a de moins bien. Enfin, dans son tableau de *Raphaël,* on ne conçoit pas comment un peintre que plus d'un individu regardent comme le premier en France, a pu couper aussi ridiculement la figure de Michel Ange à la ceinture, en lui donnant l'air d'un véritable mascaron. Le trop de vivacité d'Horace Vernet l'a malheureusement porté à chercher une réputation plus brillante que solide, à préférer la forme à la pensée, une impression vive et passagère à une émotion lente et successive, plus rare peut-être, mais aussi plus durable. Or, pour faire sentir ce que je disais, on voit combien ces défauts d'Horace Vernet diminuent le prix de son talent quand on le met en parallèle avec celui d'un autre peintre. M. Gérard, également, compose très-bien, ce qui est une grande qualité ; mais son dessin, quoique correct, est froid, parce qu'il n'est point assez accentué ; il est même parfois mesquin dans ses nus, et son coloris faux manque de chaleur. Enfin, pour achever de mieux prouver ce que j'avançais, les deux plus grandes pages de ce peintre sont *la Bataille d'Austerlitz* et *l'Entrée de Henri IV dans Paris ;* or, M. Steuben vient de prouver dans son plafond que s'il avait eu la même latitude que M. Gérard, sans avoir les mêmes qualités que cet artiste, il en aurait montré dans un autre genre de tout aussi éminentes, lesquelles, dans la balance de la critique, auraient autant de poids en sa faveur que celles

du peintre de *l'Entrée de Henri IV à Paris*. Je pourrais analyser ainsi le talent à peu près égal d'environ dix peintres, parmi lesquels, si j'avais à choisir, je dis ingénuement que je prendrais les
plus modestes et les moins intrigans. Je compte M. Ingres au nombre de ces dix peintres, je l'inscrirais même un des premiers sur la
liste, parce que, bien qu'élève de David, il s'est frayé une nou-
velle route en regardant comme l'objet principal de son art l'esthé-
tique, c'est-à-dire la science d'exprimer les sentimens, laquelle est
sans contredit la plus sublime partie de la peinture. Mais mon impartialité s'oppose à ce que je place M. Ingres au-dessus des autres,
malgré le prétendu *génie étonnant* et le *talent colossal* pour lequel ses amis tâchent de l'apothéoser. Cet artiste a été utile à l'é-
cole par la barrière qu'il a opposée à la barbarie qu'on voulait introduire dans l'art; c'est, avec ce que je disais, son plus grand mérite
à mes yeux. Je viens enfin au Salon.

Martyre de saint Symphorien. Pendant la persécution de
Dioclétien, le jeune Symphorien, déjà éclairé des lumières de
la foi, confessa la loi de Jésus-Christ devant le gouverneur Héra-
clius, qui le fit d'abord battre de verges; quelques jours après, il le
fit conduire hors des portes de la ville, au temple de Bérécinthe,
pour y sacrifier; mais le trouvant inébranlable, il ordonna de le
traîner au supplice. Sa mère, placée au haut des murailles, l'en-
courage à souffrir le tourment qu'on lui prépare, et lui rappelle la
récompense que Dieu lui réserve dans le ciel. Le jeune martyr se
tourne vers elle pour lui dire un dernier adieu, et lui montrer qu'il
est prêt à braver les tourmens et la mort.

Apercevant le tableau de M. Ingres, que j'ai reconnu dès l'entrée
du grand Salon carré, je me suis dit à moi-même : Me voici donc
enfin devant le *saint Symphorien* dont on parle depuis si long-
temps! Si ce tableau ne m'appelle point, il y a nombres d'années
que les journaux m'appellent pour lui; voyons. Je m'avançai donc.
Bien qu'outré, bizarre peut-être même, si l'on veut, le premier aspect de cet ouvrage m'a frappé par une espèce de grandiose et d'o-
riginalité que n'ont pas les toiles qui l'entourent. Je conçois que le
public, dont le goût habituel est affadi par des objets petits et com-
muns, souffre de la première impression que produisent sur lui
d'austères et de mâles beautés. Elles le saisissent trop pour ne pas
lui répugner, et le dépaysent par leur différence avec ce qu'il a sans
cesse sous les yeux. La première pensée de M. Ingres est très-belle;
le Martyre de saint Symphorien est une production élevée. Ses
beautés techniques, malheureusement, sont loin de répondre à ses

beautés poétiques; c'est-à-dire que si l'œuvre est bien pensée, elle est mal rendue. J'admire surtout l'idée du saint, qui *devrait jeter un dernier regard* sur sa mère. L'épisode du centurion, qui veut presser la marche, est également une antithèse bien conçue; mais, hélas, comment tout cela est-il exécuté! Je ne m'arrêterai point à l'expression, au poing fermé de la mère, qui, selon quelques-uns, ne ressemble à rien moins qu'à la ferveur d'un chrétien. Le jugement qu'on porte d'elle dépend du tempérament de l'individu qui parle. Un caractère ferme et résolu trouvera cette mère bien, tandis qu'un être timide et résigné la trouvera mal. Il serait toutefois difficile d'excuser le peu de distance où elle est de son fils. On s'est extasié sur la beauté physique et l'expression du saint; mais, comme il n'est point en mouvement, l'assez grand nombre de figures drapées qui existent dans ce genre les rendent familières aux artistes. Si l'exposition des tableaux ne cachait pas ceux des anciens maîtres, on se convaincrait que, pour le galbe et la noblesse, *saint Symphorien* ne l'emporte nullement sur le *saint Gervais* et le *saint Protais* de Philippe de Champaigne; mais ceux-ci n'ont point de mère qui les rende intéressans. Le soldat à cheval qui regarde celle de saint Symphorien, dans M. Ingres, derrière le centurion, est très-bien, ainsi que ce même centurion au bras raccourci, quoiqu'il soit peint avec trop de fermeté pour ce qui est devant. Le paysan sur la gauche, qu'on croit se convertir en voyant la foi du martyr, est également une des meilleures figures du tableau, qui en a un assez grand nombre d'un sentiment élevé. Quant aux licteurs, il est visible que, selon sa coutume, M. Ingres a cherché l'individualité. L'un est herculéen, l'autre mince et long. L'individualité est une grande qualité en peinture; mais celle des beaux types a promptement des bornes; elle tombe dans la caricature aussitôt qu'on en sort. Le licteur à la taille effilée n'est point heureux dans sa pose, mais son expression est passable, sa jambe et son bras droits sont d'un bon galbe et bien peints, à quelques duretés près. L'autre licteur offre de belles parties et plusieurs qui sont mauvaises. Par exemple, comment l'artiste qui a peint sa jambe droite aussi bien a-t-il pu faire la gauche aussi mal? Cette figure toutefois, qui ressemble à Michel Ange ivre, n'est pas sans puissance ni sans grandiose; on la regarderait avec plus de danger en Italie qu'à Paris, où le dessin froid de l'école manque de nerf, parce qu'il ne se sent point assez d'une nature vierge que les vêtemens n'ont jamais étranglée, et que ses contours roides ne sont point assez accentués. On pourrait même conseiller à plus d'un bon peintre actuel de méditer sans crainte cette figure, ainsi que plusieurs autres parties du tableau. Quant à l'ordonnance du grand tout, c'est ce qu'il y a de plus faible. L'attention attirée dans trop d'endroits ne se repose nulle part. Les figures sont entassées les unes sur les autres sans reflets, sans ombres, même sans avoir aucun corps, ce qui les fait tellement papilloter, que, bien qu'en général elles soient d'un beau caractère isolées de la masse, la vue en est tourmentée sans savoir où s'arrêter. L'œil exercé peut remarquer dans le *saint Symphorien* que, sans penser à l'effet général de son tableau, M. Ingres ne s'est jamais occupé que de la partie à laquelle il travaillait. Si les objets les moins intéressans étaient adroitement sacrifiés, les principaux en auraient plus de valeur. Il n'y a point d'air, aucune diversité de plans. On voit donc que si la pensée est beaucoup, il est ridicule de croire qu'elle soit tout ; car la supposant belle, dès qu'elle est mal exprimée, en peinture comme en littérature, la plus sublime pensée ne peut se comparer qu'à un très-bel homme ou à une très-belle femme qui sont couverts de haillons. Le tableau de M. Ingres, cependant, est un chaos d'où l'artiste qui prend la peine de le démêler peut tirer la lumière.

Les partisans de ce peintre disent qu'il dédaigne tout ce qui est au-dessous de la pensée. C'est lui prêter une idée fausse qu'il n'a probablement pas, et son *saint Symphorien* fait preuve d'une prétention d'exécution qui décèle le contraire. En un mot, si M. Ingres n'a pas mieux fait, c'est tout uniment parce que M. Ingres ne peut pas mieux faire, car il a eu le temps de corriger pendant les six ans qu'il a retouché son tableau. On peut donc conclure que cet artiste est plein des études les plus substantielles, et qu'il a une excellente théorie, en disant que les principales beautés de l'art sont avant tout dans ce qui tient aux facultés de l'âme, de l'imagination et de l'esprit. C'est de toutes les théories celle que sans contredit je regarde comme la meilleure à inculquer dans une école, bien qu'elle soit la plus difficile à sentir ; mais cette théorie est mal mise en pratique par le peintre qui la prêche.

On reproche à M. Ingres trop de réminiscences des anciens maîtres, surtout de Raphaël. Quant à moi, je crois tout bonnement que cet artiste s'inspire en les admirant. Toutefois, supposant qu'il en ait pris quelque chose, on n'est pas plus plagiaire en peinture qu'en poésie pour transporter du jardin d'autrui dans le sien une fleur qu'on croit y produire de l'effet, surtout quand on a l'intention de la mieux cultiver et l'embellir. On reproche bien davantage à David, qui, dit-on, a copié ses trois Horaces d'une médaille. Que ce soit vrai ou non, son tableau n'en vaut pas moins pour cela, car une médaille pouvait-elle lui donner la beauté des détails et la fermeté qui constituent chez lui le grand mérite de ces trois figures ?

Je terminerais ici mon article sur le *saint Symphorien*, si je ne regardais MM. Ingres et Delaroche comme le thême de discussions qui peuvent être utiles à l'art. Il m'est donc impossible de quitter le premier de ces deux artistes sans parler de sa couleur terne et mate , opaque et lourde. Ses enthousiastes, pour l'excuser, disent que les plus grands maîtres de l'école romaine n'étaient point coloristes, et qu'à leur exemple M. Ingres dédaigne la couleur. Il est vrai que le dessin de Michel Ange et de Raphaël nous transporte assez pour faire oublier les autres qualités dont ils manquent ; mais s'ils n'ont pas brillé par la partie qui donne le plus de charme à la peinture, Raphaël le sentait, et l'on voit combien il cherchait , surtout dans sa troisième manière , à perfectionner son coloris qui était bien meilleur dans ses derniers temps, et qui serait devenu plus parfait si une mort prématurée ne l'eût moissonné avant l'âge. En outre, Raphaël a beaucoup peint à fresque , et l'on sait combien ce genre de peinture est fatal pour la couleur, quoique depuis quelques peintres coloristes tels que Corrège , le Guerchin et plusieurs autres , aient fait des fresques très-brillantes. Quant à Michel Ange , tout extraordinaire qu'il est, il n'a jamais vu la peinture qu'en sculpteur. Son contour, son modelé, sont franchement ceux d'un simple dessinateur ; on ne l'admirerait même pas comme peintre, s'il en était d'autres dont les ouvrages portassent à un aussi haut degré que les siens l'empreinte de l'audace sublime qu'il a dans ses hautes conceptions gigantesques , et sa profonde connaissance de la structure du corps humain. De plus, les anciens maîtres de l'école romaine et florentine avaient une exécution naïve, mais ils connaissaient peu cette peinture d'inspiration à laquelle on ne peut nier d'être la plus entraînante, et que le chef de l'école flamande a poussée à un si haut point. On est donc plus exigeant aujourd'hui. Or si les yeux de M. Ingres se troublent aux toiles brillantes de Rubens, s'il ne peut regarder ses chairs palpitantes et animées, les tons chauds et dorés de sa gamme étonnante, il devrait au moins songer que deux ou trois couleurs opaques et lourdes qui couvrent un tableau ne valent même point un monochrômate harmonieux. Je sais, pour aller à la postérité, qu'un tableau d'une seule couleur peut être préférable à celui qui est le plus resplendissant par son coloris (Poussin semble l'avoir senti) , attendu que les graveurs tirent plus facilement parti d'un contour arrêté et d'un modelé bien prononcé, que de la magie d'un bon coloriste chez lequel ce même modelé est toujours plus vague et moins apparent. Peut-être même cela sera-t-il cause que la réputation de Raphaël sera plus brillante que jamais quand il ne restera rien de Rubens, dont le talent est toujours plus ou moins mal reproduit par la gravure. Mais quelque importante que soit cette question de temps, elle est étrangère à l'art, dont la couleur sera toujours le charme le plus séduisant. Or comme M. Ingres n'est pas coloriste, que son talent a moins d'originalité que d'imitation, et que son genre de peinture souvent négatif de la forme manque de vie; comme, dis-je, si cet artiste pense bien il ne le rend point de même, que n'étant pas né peintre et devant tout à l'étude il n'a que le produit de la science, sans aucune de ces qualités entraînantes qui sont le don de la nature; on voit le vide que tout cela laisserait contre lui dans la balance, si l'on voulait y mettre ses bonnes qualités pour les peser avec celles des meilleurs artistes dont je parlais au commencement de cet écrit. Quant à moi, cependant, je répète que je l'inscrirais un des premiers sur la liste pour la façon dont son talent à part peut être utile à l'école en lui servant de fanal contre certains écueils, mais nullement pour qu'on imitât ce même talent, car si la charrette maintenant est versée d'un côté, ce serait la jeter de l'autre au lieu de la relever.

Vainement les enthousiastes de M. Ingres, en le divinisant, disent-ils que *dans ses travaux en Italie il y a matière à dix réputations de bon aloi.* M. Ingres est un des artistes qui produit le moins et que la presse vante le plus. Qui veut trop prouver ne prouve rien; et tant de louanges obséquieuses en sa faveur ayant éveillé en moi la curiosité de voir ses ouvrages, uniquement pour le désir ardent que j'avais de faire mon profit des miracles qu'on préconisait, j'ai rencontré des beautés dans quelques-uns des tableaux de M. Ingres, et dans d'autres j'ai vu non seulement de la médiocrité, mais une véritable gaucherie. Son *Andromède,* par exemple, que de temps en temps on rappelle au public comme un chef-d'œuvre, que ceux qui en font un éloge si pompeux n'ont sans doute jamais vue, est un tableau médiocre, où plus que dans aucun autre ressort la pauvreté d'imagination de M. Ingres par la façon ridicule dont il a affublé le fils de Jupiter et par le monstre pitoyable qu'il combat. Son *Vœu de Louis XIII* est beaucoup mieux, et bien que la Vierge soit un peu plus qu'une réminiscence de Raphaël, ce tableau a des beautés. Quant à l'*OEdipe,* qu'on exhume aussi de temps à autre, j'ai toujours présente aux yeux cette grande académie, car ce n'est point autre chose, faite en Italie et peut-être même à Rome d'après quelque Transtévérin, car elle leur ressemble parfaitement. Or malgré la façon dont M. Ingres a retouché cette figure il y a quelques années à Paris, elle n'est guère remarquable que par sa mauvaise couleur et une silhouette tourmentée, pour ne pas dire un contour prétentieux dont les dedans ne sont pas remplis ; défauts qu'on a blâmés dans le temps et lors de l'apparition du plafond d'Homère. Ce reproche est indubitablement ce qui a fait tomber M. Ingres dans l'excès contraire par son *saint Symphorien*.

Quant au plafond représentant l'*Apothéose d'Homère*, il vaut mieux comme tableau que le *saint Symphorien*, mais il est inférieur pour le reste. Je vais m'expliquer. Le dedans des figures étant moins rempli dans Homère, qui n'offre guère que des silhouettes au spectateur, la vue le parcourt plus facilement sans être arrêtée. De même, la couleur de ce plafond, laquelle n'a pas plus de force qu'un simple lavis à l'aquarelle, ce qui fait croire que ce tableau n'est que commencé, cette couleur, dis-je, est bien moins lourde que celle du *saint Symphorien*, sur lequel l'œil ne coule point à cause du grand nombre de détails et de duretés qui l'en empêchent. Toutefois, quoiqu'on ait tant divinisé l'*Apothéose d'Homère*, dont la scène est en repos tandis que celle du *saint Symphorien* a sur elle l'avantage de l'action, ce plafond n'en est pas moins froid, petit, mort. M. Ingres alors sentait moins qu'aujourd'hui que si Raphaël également est froid, il a toujours un beau galbe et de la puissance. La composition d'Homère est bien ordonnée, mais ce plafond est sans aucun relief. La figure principale n'est point agréablement dessinée ; et si elle avait un beau caractère, je ne serais point forcé de faire un reproche de bibus, en demandant pourquoi M. Ingres s'est abstenu pour la ressemblance d'Homère d'employer la tête antique qui lui est généralement consacrée. Les autres figures manquent de variété dans leurs attitudes. Elles sont pures, mais on ne peut pas dire qu'elles soient belles. Ce plafond ne dit rien au cœur, il ne saisit aucunement l'imagination.

J'ai vu divers autres ouvrages de M. Ingres, parmi lesquels il y avait des tableaux de petite dimension que je citerais avec plaisir si je croyais qu'ils pussent augmenter la réputation de leur auteur, mais la presse ne les rappelant pas je ne dois m'arrêter qu'à ceux qu'elle prône avec emphase. Si l'on regarde les portraits de cet artiste, certes ils n'ont rien de bien merveilleux, excepté celui de M. Bertin qui est très-beau. Quant à *Pie VII officiant dans la chapelle Sixtine*, je n'en connais point l'original ; mais qu'en penser lorsqu'on sait combien peu M. Ingres est coloriste, et que ce tableau n'est guère plus grand que sa lithographie, pour laquelle le peintre a composé les figures du premier plan, qui sont ce qu'il y a de mieux ? Enfin, l'*Odalisque* de même est sans cesse mise au nombre des miracles. Je n'en connais pas non plus l'original ; mais nonobstant l'avantage que les peintres sans couleur ont à être gravés et la façon dont ils peuvent eux-mêmes surveiller la copie de leur ouvrage, il n'y a bien certainement rien de remarquable dans la lithographie de *l'Odalisque*. Comme elle est souvent chez les marchands d'estampes, je ne peux tromper à son égard. Or, pour qu'on ne m'accuse pas dans ma critique d'être comme la mouche qui passe sur tout ce qu'il y a de bon et ne s'arrête que sur ce qu'il y a de mauvais, je dirai que la réminiscence de *la Fornarina* de Raphaël pour la tête de *l'Odalisque* est jolie, mais le reste de cette figure désossée, les jambes surtout, ne peuvent résister à l'analyse. Voilà cependant ce qu'une imagination en délire donne comme *le type du beau idéal, non* comme *une odalisque géorgienne,* dit-il, mais comme *la plus belle fille des environs de Mytilène ou d'Argos. L'Odalisque* cependant plaît généralement, observera-t-on. Oui, beaucoup; et il doit en être ainsi, parce qu'une figure de femme plaît toujours quand elle est traitée sérieusement. Aussi, je me garde bien de dire que *l'Odalisque* soit un sujet mal choisi. On a beau faire, le corps humain est pour nous le plus bel objet de la nature; il offre seul un tout aussi complet pour l'art, et tant qu'on s'occupera de ce dernier, non seulement on sera toujours forcé d'y revenir, mais il n'y a que le corps humain qui puisse soutenir dans leur éclat la statuaire et la peinture. L'intention fait tout; c'est pourquoi Dieu me préserve de jamais défendre en rien ces innombrables *salauderies* éphémères dont la mode fait tapisser les rues en ce moment.

Lecteur, je te prie surtout de ne pas croire que j'aie envie de m'attacher à MM. Ingres et Delaroche avec désir de les critiquer; mais ces noms étant aujourd'hui mal à propos deux bannières pour l'école, bien qu'également indifférent pour l'un et pour l'autre, puisque ces deux artistes ont la vogue en ce moment, sans en rien comparer leurs talens si peu semblables, je répète que je les regarde comme le thême d'une dissertation qui peut être utile à l'art. Ce motif est le seul qui m'engage à parler d'eux si long-temps.

Jeanne Grey, par M. Delaroche. Jeanne Grey, qu'Edouard VII avait par son testament instituée héritière du trône d'Angleterre, fut après un règne de neuf jours emprisonnée par ordre de Marie, sa cousine, qui six mois après lui fit trancher la tête. Elle fut exécutée en 1554 dans une salle basse de la Tour de Londres à l'âge de dix-sept ans.

Au premier aspect, ce tableau a produit sur moi un effet opposé à celui que j'avais ressenti en voyant le *saint Symphorien* de M. Ingres. Mon œil est d'abord tombé sur le bourreau dont le pantalon rouge l'attirait, puis il s'est promené sur Jeanne Grey, dont le manque de vêtemens et le corset pareil à ceux d'aujourd'hui m'ont frappé. Cet ajustement de la princesse l'a soudain ravalée dans ma pensée. En effet, pourvu qu'elle eût le cou nu, le bourreau ne pouvait-il pas lui trancher la tête aussi bien habillée que vêtue comme une simple jeune fille de nos jours? Et de quelle ressource eût été sa robe pour l'harmonie du tableau, si M. Delaroche ne veut pas qu'elle eût servi à l'enrichir? Mes regards après ont vagué sur la gauche, dont la piètre composition m'a fait involontairement me dire à moi-même : C'est un tableau de genre fait en grand. Comment! M. Delaroche, que les journaux prônent comme notre premier peintre, n'a que deux figures sur lesquelles il faut exprimer la douleur, et après en avoir mis une qui se trouve mal aussi gauchement, il en est réduit à coller l'autre sur la muraille comme une chauve-souris? Je demande pardon, car, loin de vouloir écrire un libelle, je n'ai d'autre désir que de faire une critique impartiale du Salon. Mais, en vérité, ce moyen d'éviter la difficulté est trop fort. Et c'est là ce qu'on appelle de la *peinture de haut style?* Quand Timanthe cacha le visage d'Agamemnon dans son tableau d'*Iphigénie,* il ne le fit qu'après avoir déjà exprimé diversement un grand nombre de douleurs, et parce qu'il croyait ne pouvoir rendre convenablement celle d'un père, après avoir épuisé tout ce que l'imagination pouvait lui suggérer à cet égard. Poussin également, dans *la mort de Germanicus,* a voilé sa mère, et l'on ne peut pas non plus blâmer Hennequin d'avoir caché la figure de Pylade dans ses fureurs d'Oreste, quand on pense que ces deux noms sont l'emblême de l'amitié, et qu'on se rappelle le dévouement auquel ce sentiment les porta sur le rivage de Thoas. Mais comment! je répète, il n'est ici que la douleur de deux suivantes à rendre, et M. Delaroche n'ose point aborder la difficulté? Si, mal à propos, les deux dames qui sont auprès d'Elisabeth lors de sa mort l'ont dégoûté, c'était au contraire la meilleure occasion de prendre sa revanche en individualisant le chagrin et la douleur chez deux caractères différens. Je voudrais savoir ce que M. Ingres pense de la *Mort de Jeanne Grey.* L'arrangement d'un manuequin au moins ne met pas l'esprit à la torture.

Jeanne Grey, pour le public qui en proie à ses soins matériels ne fait guère que voir sans réflexion, a le grand avantage d'être à la portée de toutes les intelligences. Je me garderai donc bien de dire que ce soit un sujet mal choisi ; au contraire, il ne pouvait l'être mieux. Le beau sexe y fait un retour sur lui-même, et les hommes sont naturellement émus à la vue d'une jeune fille à laquelle on va couper la tête. On connaît la partie moutonne de ce monde en général. Quelque mauvaise que soit la représentation d'un combat ou d'une bataille, les *Jean Jean* de l'armée s'y arrêtent plus volontiers que devant tout autre tableau. La race moutonne du bas peuple, également, regarde avec plus de plaisir une douzaine d'huîtres et des œufs sur le plat bien peints qui lui plaisent, comme on en voit parfois dans les rues, que les plus belles compositions du Poussin et *la Transfiguration* de Raphaël. Or, sans faire aucun rapprochement de ce que je viens de dire avec le tableau de **M.** Delaroche, ce qui serait une folie déplacée de ma part, il n'est pas moins vrai que la gente moutonnière de la bourgeoisie, même celle de haut parage, préfère toujours ce qui la frappe en lui faisant faire un retour sur elle-même, quand cet objet est à la portée de son entendement. Or si l'on joint à cela le feu roulant de la presse qui se fait entendre en faveur de tel ou tel individu, l'on ne s'étonnera plus de ce que la foule se porte vers tel ou tel tableau. Il connaissait bien la nature humaine, ce Psaphon qui stylait tous les oiseaux parleurs qu'il pouvait rencontrer, à répéter sans cesse : *Psaphon est un Dieu, Psaphon est un Dieu.* La presse, aujourd'hui, remplace les oiseaux de Psaphon.

Le plus grand défaut de **M.** Delaroche, comme peintre, est de manquer de pensée et d'inspiration. *Miss Macdonald portant des secours au prétendant* était néanmoins un tableau charmant, de même que *Mazarin* et *Richelieu;* mais bien moins comme drames, que comme ouvrages d'une belle exécution. Malheureusement ces trois tableaux sont de petite dimension, **M.** Delaroche n'a pas le même bonheur pour ses grandes pages; *Elisabeth, Cromwell, Jeanne Grey,* sont la preuve de ce que j'avance. Le manque d'imagination et de pensée paraît moins dans les *Enfans d'Edouard.*

Je ne m'arrêterai point dans le tableau actuel sur la figure de *sir John Brudge,* qui manque de caractère et de dignité, ni sur celle du bourreau devant lequel le public s'extasie, bien qu'il attire indubitablement trop l'attention. En outre, il faudrait trop ajouter sur l'air calme de ce même bourreau, que l'histoire dit avoir jeté sa hache dans la Tamise aussitôt après l'exécution, en s'écriant : *Je suis un assassin!* Mais, venant à l'héroïne principale, comment **M.** Delaroche a-t-il pu voir Jeanne Grey sous les traits d'une jeune fille de nos jours, qui tressaillant à son dernier moment palpite en blanc corset sous un simple jupon ? Cette pensée trop peu élevée, et la façon vulgaire dont cette figure a les yeux bandés, sont sans doute ce qui faisait dire à un mauvais plaisant qu'elle a l'air de jouer à colin-maillard. Le martyrologe raconte que Jeanne Grey se fit deshabiller par les deux dames qui l'accompagnaient. N'était-ce donc point assez d'ôter sa collerette et son manteau, si l'artiste croyait à tort ne pas pouvoir prendre la licence de la laisser habillée comme la même Jeanne Grey du peintre anglais Northeode, que sans doute M. Delaroche doit connaître? En un mot, est-ce bien là cette reine de neuf jours qui avait voulu frustrer ses cousines de leur héritage? est-ce bien là le drapeau de l'insurrection protestante, cette Jeanne qui, dédaignant de changer de religion pour sauver sa vie, celle de son père et de son mari, vit avec tant de fermeté ce dernier aller au supplice, et même témoigna de la joie quand elle apprit qu'il était mort avec courage? enfin, est-ce là cette femme qui monta avec tant de calme sur l'échafaud? Je demande pardon de sentir Jeanne Grey tout autrement. Mais, dit le public, on est comme cela à son dernier instant; on a peur, on souffre de quitter la vie, et puis on n'a guère de dignité quand on meurt. En outre, elle n'était âgée que de dix-sept ans. Ces réflexions seraient excellentes pour une scène de ménage; si M. Delaroche s'en était tenu au brodequin, loin de le blâmer, je l'admirerais peut-être sous plus d'un rapport. Malheureusement il a chaussé le cothurne; et, quoiqu'avec un aussi petit nombre de personnages, la *Mort de Jeanne Grey* demandait plus de jet, de nerf, de magie, de grandeur. Quand *Cromwell* parut avec le même défaut que le tableau d'aujourd'hui, chacun disait: Cromwell était laid, simple et puritain; comment lui donner de la dignité? Qu'on regarde West, qui non seulement savait que Cromwell était puritain, mais qui lui-même en sa qualité de quaker devait être archi-puritain, s'il est permis de s'exprimer ainsi. Cependant *le Cromwell* de West, quoique laid, simple et puritain, est plein de noblesse, de grandeur.

Quant à la façon dont le tableau de *Jeanne Grey* est exécuté, M. Delaroche jouit depuis quelques années d'une grande réputation pour les étoffes. Avant, elles me paraissaient traitées plus largement; cette fois sa manière de peindre semble plus *Ingrisée* que de coutume, pour ne pas dire plus *Holbeinisée*. Mais tout est fait trop également, ce qui n'individualise point assez les chairs, la pierre des murs, le bois du billot, et le reste. Le coloris froid peut s'excuser par le sujet. Que d'autres fassent des reproches de bibus au dessin, quant à moi, je le trouve correct, mais trop dépourvu de nerf et d'originalité. L'art, qui doit toujours créer, est une chose de simple aspect pour M. Delaroche; voilà pourquoi ses ouvrages sont petits, se rapprochent de la vignette, manquent de poésie et de goût dans l'agencement général. Si l'on veut atteindre au beau idéal, ce ne sont pas les choses qu'il faut copier, mais l'idée des

choses qu'il faut imiter. Une belle exécution, toutefois, est la partie
la plus saillante du talent de M. Delaroche, qui, lorsqu'il voudra se
donner la peine de réfléchir, partagera peut-être plus son travail entre
la tête et la main. Cependant, jusqu'à ce qu'il en vienne là, supposant qu'on mette ses bonnes et ses mauvaises qualités dans la balance pour les peser avec celles des dix meilleurs peintres dont j'ai
parlé, on voit le vide que laisserait contre lui ce que je viens de
dire. Lecteur, fixe donc toi-même sa place parmi nos premiers artistes.

Avant de terminer sur M. Delaroche, je ne peux m'empêcher de
reprocher au public d'avoir si injustement mis en parallèle et de
comparer le tableau de la mort de *Jeanne Grey* avec le *Martyre
de saint Symphorien,* lequel, malgré tous ses défauts, est d'un ordre
infiniment supérieur. Que le tableau de M. Delaroche plaise à un
plus grand nombre d'individus, c'est autre chose, j'en ai donné
les raisons. Mais, comme je le dis dans mon ouvrage sur l'*Analogie
qui existe entre la peinture et la poésie,* bien peu des étrangers
parmi ceux qui vont à Rome peuvent regarder Michel Ange, auquel
on a vu que je ne suis nullement enclin à comparer M. Ingres;
cependant Michel Ange n'en jouit pas moins de sa réputation.
J'ajouterai plus. Revenant au feu roulant de la presse, dont je parlais, feu qui du reste se fait entendre tout aussi fort pour M. Ingres
que pour M. Delaroche, je dis hautement, fidèle à mon épigraphe,
que si le tableau de *Jeanne la folle* par M. de Montvoisin avait
été préconisé d'avance comme la mort de *Jeanne Grey*, et qu'à
l'ouverture du Salon le public, sans avoir jamais entendu parler de
Jeanne Grey, l'eût vue exposée où est *Jeanne la folle,* et *Jeanne
la folle* exposée où se trouve à présent *Jeanne Grey,* le tableau
de M. Montvoisin aurait attiré la foule tout comme celui de M. Delaroche aujourd'hui. Je suis loin de faire la remarque suivante pour
ce dernier artiste, il ne la mérite point; mais il est certain que la
place et la coterie peuvent suffire pour le succès d'un tableau au
Salon, vérité que je proclamerai hautement en parlant de *la Mort
du Poussin,* par M. Granet.

Puisque je viens de citer *Jeanne la folle,* par M. Montvoisin,
je ne vois pas l'inconvénient de parler ici de cet ouvrage, dont
l'intention dramatique, pour ne pas dire la première pensée, est
parfaite dans l'opposition de cet enfant appuyé nonchalamment sur
le chevet qui supporte la tête de son père expirant, avec la mère
de ce même enfant, qui perd l'esprit par le chagrin qu'elle a de per-
dre son mari. La roideur convulsive de son corps, de ses mains,

de ses pieds, ses yeux hagards surtout, contrastent parfaitement avec l'insouciance de cet enfant qui sera un jour Charles-Quint, et que l'histoire dit n'avoir pas versé une larme, ni même témoigné la moindre émotion dans ce moment. Ce tableau est bien peint, les détails sont traités largement, le vêtement de l'enfant principalement est remarquable ; mais, comme cela devait être, *Jeanne la folle* est au-dessus de tout.

Dernier jour de Pompeï, par M. Bruloff. Si ce tableau, qui représente l'irruption du Vésuve décrite par Pline le jeune, a été trop vanté dans l'analyse qu'on en a envoyée d'Italie, il a également été mis au-dessous de sa valeur par ceux qui en ont parlé depuis qu'il est à Paris. Cet ouvrage, qui représente une scène de nuit dont il est difficile de se faire idée, a le plus grand désavantage en se trouvant au milieu d'autres tableaux qui sont éclairés en plein jour, surtout étant aussi grand ; il paraît si différent de ceux qui l'accompagnent, qu'un grand nombre de spectateurs en détournent les yeux. Il lui faut nécessairement une place exprès pour lui : avis à la personne qui le possède. Quoi qu'on en ait dit, le *Dernier jour de Pompeï* offre un grand nombre de beautés que malheureusement cachent l'immensité de la scène et la couleur. M. Bruloff a beaucoup de talent, surtout beaucoup de science pratique pour ce qui tient à la peinture, mais son sujet mal choisi prouve qu'il ne connaît point la portée de son art. La représentation de la scène générale d'un grand désastre étant toujours mesquine auprès de la réalité, l'artiste qui veut en offrir l'image doit moins s'adresser à l'œil que s'efforcer de toucher l'âme. Comment le pourrait-il avec tant de groupes qui se nuisent réciproquement ? Où serait-il possible que l'attention s'arrêtât dans une telle confusion d'accidens, de personnages, de mouvemens, d'expressions ? Il n'est qu'un épisode, mais un épisode bien choisi, grand, simple, pathétique, qui dans un tel cas puisse offrir un vif intérêt. La peinture ne saurait exprimer davantage. M. Bruloff ne l'a pas senti ; voilà pourquoi son tableau, ainsi que ceux du peintre anglais Martin, ont l'air de véritables scènes de mélodrame. Quant à l'exécution du *Dernier jour de Pompeï*, il y a des parties excellentes. Par exemple, sans que le dessin ait un beau galbe, ce qui le rend un peu froid, on peut assurer que, loin de jamais se démentir, il est pur et correct partout, même élégant quelquefois, sauf plusieurs têtes un peu communes. Tout est bien modelé, fait avec conscience ; rien n'est négligé dans cet ouvrage. Le groupe de Pline l'ancien est très-beau. Le jeune homme qui sur la droite emporte

une femme couronnée de roses est bien dessiné, de même que la
figure à cheval plus loin, qui est également on ne peut mieux modelée pour la distance à laquelle elle est du spectateur. Cette figure
est parfaitement agencée et s'identifie on ne peut mieux avec sa
monture. La femme tombée dans le milieu, les enfans, le lointain
vers la gauche, les groupes de ce côté sur le devant, ont des beautés ; en un mot, l'œil exercé trouve à voir partout. Comment se
fait-il, après un tel éloge, que ce tableau soit désagréable à la vue ?
Je l'ai dit : c'est qu'il papillotte sans aucun centre qui appelle l'intérêt. On n'aime pas non plus ces carnations de marbre ou de nacre,
qui sont désagréables et manquent de solidité. Ce qui m'étonne le
plus, c'est qu'on ait pu colorier de la sorte au milieu des anciens
maîtres et sous le beau ciel de l'Italie.

Jésus crucifié, par M. Paulin-Guérin, est une production trop
capitale, et qui a été trop remarquée au Salon pour que je puisse la
passer sous silence sans être accusé de partialité. J'ai d'autant plus
de regret d'en parler, que cet artiste a au Luxembourg son *Caïn,*
un des tableaux que j'admire le plus, surtout pour les heureux effets de lumière qui, l'éclairant poétiquement, lui donnent une véritable originalité. Cependant il y a quelques beautés de couleur également dans le *Jésus crucifié,* principalement dans l'opposition du
gouffre de feu avec le reste du tableau. Il y a de la rondeur, de
l'air dans les nuages ; mais, quant au dessin, on ne conçoit pas
qu'un artiste qui a autant d'expérience que M. Paulin-Guérin ne se
soit pas aperçu de la longueur outrée de ses figures par ses yeux ou
par ceux de ses amis. Ce défaut saisit tellement le regard du spectateur, qu'il est impossible aux autres bonnes qualités du tableau de
le rédimer. Mais, de même qu'une hirondelle ne fait pas le printemps,
on aurait tort de juger un artiste par un seul ouvrage ; je ne doute
donc pas que l'auteur du *Jésus crucifié* ne puisse aisément prendre
sa revanche avec quelque chose qui nous rappelle son beau *Caïn*
du Luxembourg.

Il est au Salon quelques tableaux capitaux d'une assez grande
dimension, pour la critique desquels j'éprouve de l'embarras. Je n'ai
rien à dire contre eux, mais il m'est impossible d'en voir les beautés, sans doute par défaut d'organisation de ma part. Tel est entre
autres le tableau de M. Blondel, représentant le *Triomphe de la
Religion sur l'Athéisme.* Je dis la vérité, en assurant que je me
place devant cet ouvrage avec la plus grande envie de faire son
éloge ; mais si je n'y trouve rien à blâmer, je n'y vois rien non plus

qui m'intéresse. Le dessin est correct, mais ce dessin ne me touche pas. La couleur est très-loin d'être mauvaise, et cependant je ne saurais comment faire l'éloge de cette même couleur. La composition est indubitablement bonne, car elle est très-bien selon les règles, et forme un tout régulier, mais il m'est impossible de saisir les beautés de cette même composition. Enfin, je vois sur ce tableau tout ce qu'on peut apprendre dans un atelier, mais il ne me montre rien de ce que la nature seule peut donner. De telles productions sont pour moi comme la statue de Prométhée avant qu'elle fût animée.

Athalie interrogeant Joas, par M. Navez. Ce tableau, qui au premier aspect semble avoir plus de nerf que celui de M. Blondel auquel je suis loin de le comparer, surtout pour sa composition, a aussi beaucoup plus de dureté. L'expression d'Athalie n'est pas mal à la rigueur, mais le défaut capital de l'artiste dans sa manière de peindre est qu'on ne reconnaît point assez le nu sous les figures. Le ton de la couleur n'est pas blâmable pour le sujet, bien que sa crûdité manque de transparence et d'harmonie.

Quant à l'*Assomption de la Vierge*, par M. Vauchelet, son *Apparition à saint Luc*, par M. Goyet, l'*Annonciation*, par M. Caminade, *le Christ au jardin des Oliviers*, par Mme Deherain, je répète que mon organisation m'empêche de porter un jugement sur les sujets que ces artistes représentent. En outre, la presse ne trahissant point le public pour ce qui les concerne, je ne crois pouvoir mieux faire que de laisser ce même public juger à leur égard.

Eberhard, comte de Wirtemberg, dit le LARMOYEUR, par M. Scheffer ainé. M. Scheffer a de l'âme, je m'en suis aperçu depuis longtemps. Tout est sentiment et vérité dans ce *larmoyeur*, même la tête inanimée; tout y porte l'empreinte d'une expression touchante. J'aime la grâce juvénile du fils, qui contraste bien avec la tête de son père affligé. M. Scheffer, depuis quelques années, a beaucoup gagné pour l'exécution. Il abuse moins aussi des effets de cave et ne craint plus de voir la nature dans son jour. Quelquefois peut-être, comme dans *Médora*, que j'ai trouvé faible, ses carnations manquent de solidité; mais qui n'a ses défauts? Je cesse ici l'éloge du *Larmoyeur*, où, sauf la position anguleuse du corps du fils avec celui du père, je trouve tout presque également bien. Cependant ce n'est point là de la grande peinture, ce que je ne prendrais pas la liberté d'observer, si je ne savais M. Scheffer autant né peintre, et combien il eût été capable de se distinguer s'il eût voulu se livrer sérieusement aux études indispensables pour le genre sublime. Respectant les motifs qui l'en ont détourné, j'ai fait cette remarque uniquement par le regret que j'ai de ne pouvoir admirer son talent dans un plus haut genre. Où n'aurait peut-être point été M. Scheffer avec son âme!

Philippe II, par M. Jollivet. Quelques jours avant sa mort, ce roi d'Espagne se fit transporter à l'Escurial, où, quand ses forces le permettaient, il donnait à son fils des avis sur la manière de gouverner. Ce tableau plaît au premier coup-d'œil. Bien composé, il n'offre pas trop de confusion, malgré sa double scène. Je dis pas trop de confusion, parce qu'il n'en aurait point du tout, si le dernier plan était compris différemment. Le dessin est assez correct. L'individualité des personnages pourrait être plus distincte, mais elle suffit comme elle est. Quoique manquant un peu de galbe, Philippe III à genoux est très-bien. La couleur, qui cependant est bonne, quoique sans poésie ni harmonie, offre quelques duretés désagréables que je crois devoir signaler dans les endroits où elles éclatent par placards. Le moine noir, par exemple, se détache sur un fond noir, et le cardinal rouge sur un fond rouge. S'ils étaient autrement disposés, ils auraient plus de valeur, et le théâtre de la scène paraîtrait moins restreint en ayant plus d'air. Je me suis convaincu que l'art des Flamands est d'opposer les couleurs les plus froides aux plus chaudes en les harmonisant, le gris au rouge surtout. C'est par un gris harmonieux varié à l'infini que Rubens soutint ses plus brillantes carnations et ses étoffes les plus éclatantes. Ma critique sévère du *Philippe II* prouve que je n'ai pas vu ce tableau sans beaucoup de plaisir.

Noë maudissant son fils, par M. Signol. Cette composition, louable par sa simplicité, se rapproche pourtant un peu du mélodrame. Le dessin a de la naïveté ; mais le nu, qui est sans aucun détail et qui manque de modelé, passe trop subitement du clair à l'ombre sans demi teintes. L'ordre des plis dans les draperies n'est point heureux, il est trop tourmenté. Il y a cependant du bon dans ce tableau, dont la scène a de l'étendue malgré la couleur fausse des derniers plans. En général, je n'aime pas cette manière dans l'école française, bien que M. Signol soit à Rome, de badigeonner les figures de la même couleur du haut jusqu'en bas, et de faire un vrai cuir de notre peau. Je sais qu'il en est ainsi généralement dans la vilaine nature, surtout en Italie ; mais il est de si nombreuses exceptions à cet égard, que c'est d'elles que le peintre doit se valoïr pour introduire adroitement de la poésie dans sa couleur. Par exemple, les parties osseuses de notre corps sont souvent plus colorées que les autres ; pourquoi ne pas en profiter ? Une femme rousse a certainement une carnation beaucoup plus brillante en général qu'une femme brune ; mais comme on rencontre aussi beaucoup de ces dernières qui sont pleines d'éclat, c'est en combinant tous ces divers accidens suivant l'individu auquel on les applique, qu'on peut répandre de la poésie dans sa couleur. Non seulement Rubens et les autres grands coloristes ont fait usage de cet artifice, mais Rubens, dans son plus beau temps, a toujours saisi les carnations de femmes comme si elles sortaient du bain, ou peu de temps après. De même, la dégradation de la couleur dans ses figures nues est toujours plus ou moins outrée, à un tel point qu'il est libre de faire briller la parties qu'il désire aux dépens des autres. Je dirai la raison de cette tricherie, pour ne pas dire de la mutilation de la nature, quand j'aurai l'occasion de parler d'Horace Vernet et de M. Decamps.

Fin du combat, par M. Ziegler. Ce qui m'a le plus frappé dans ce tableau c'est la cuirasse. Je l'ai trouvée ce qu'il y a de mieux, quoiqu'elle n'accuse point assez les formes et soit loin de cacher celles d'une figure bien *galbée*. Le cheval n'est pas peint sans énergie ; mais le mouvement du saint est loin d'être chaleureux, et sa tête est ce qu'il y a de moins bien dans tout l'ouvrage. Quant à la couleur, son effet est visiblement tourmenté pour attirer l'attention sur le saint ; je crois qu'on pouvait l'y ramener également en mettant plus d'air dans le tableau. Je n'aime pas surtout le terrain blanc, il est impossible avec le reste du coloris. Je souffre de dire qu'il n'y a que du matériel dans cet ouvrage, d'une belle exécution sans doute, mais pour lequel l'artiste a manqué d'inspiration.

Un Evangéliste, de même, par M. Ziegler, est d'une exécution molle, commun dans ses formes, et sans élévation dans sa physionomie, dans son regard surtout, qui manque également d'inspiration. En outre, l'ange près de ce saint Jean, n'est pas d'une composition heureuse. Quant au coloris, il est trop monotone, principalement pour la carnation d'une grande figure, que les bons artistes ont soin d'animer plus à mesure que la stature s'augmente. Au reste, on peut voir, à l'égard de la couleur, ce que je dis dans l'article précédent touchant M. Signol.

Si je ne parle point des tableaux qui représentent des scènes politiques, ce n'est aucunement par esprit de parti, mais parce que ce genre d'ouvrage est si désagréable à ceux qui les font, qu'on ne saurait y juger leur mérite. M. Heim, par exemple, dont j'aime beaucoup le talent, auquel je rendrais volontiers hommage si la digression ne m'entraînait trop loin, M. Heim, dis-je, n'aura probablement eu que des désagrémens avec autant de portraits dont les originaux auront tous voulu être dans la lumière, sans jamais se trouver ressemblans. Il est cependant une grande page qu'il m'est impossible de passer sous silence ; on voit que c'est de M. Schnetz que je veux parler.

Combat de l'Hôtel-de-Ville, 28 *juillet* 1830. On a blâmé très-injustement M. Schnetz d'avoir entrepris un tel ouvrage, disant que ce n'était point son genre, et lui conseillant de retourner à ses scènes d'Italie. Ce reproche est d'autant plus injuste, que cette barricade est de beaucoup la meilleure qui ait été faite depuis la révolution de juillet. Tout ce qu'on pouvait dire se réduit à ce qu'on n'aurait pas dû choisir une aussi grande proportion pour un tel sujet. Mais fallait-il pour cela que M. Schnetz refusât le tableau, destiné mal à propos à l'ornement d'une salle de la préfecture, qu'il ornerait beaucoup mieux et probablement beaucoup plus long-temps s'il était moins grand des trois quarts ? Quant à la barricade, comme elle est, M. Schnetz y fait preuve d'énergie, même de beaucoup de talent. Il a du moins le mérite d'avoir fait des Français un peuple bien galbé. L'ouvrier blessé sur la gauche, l'homme qui passe des cartouches, le tambour à l'air mutin, l'enfant qui porte une giberne, sont on ne peut mieux. La figure principale, malheureusement, celle qui a des pistolets, est une des moins heureuses et manque de caractère. Il n'y a pas toujours assez de vie et de mouvement, ce qui tient peut-être à la grandeur outrée des personnages pour un tel sujet, mais le Suisse mort est admirable. Il n'est même pas trop théâtral, quoique dramatiquement jeté. La noblesse de son dessin, la pureté de son contour, la beauté de son galbe, l'expression et le modelé de son visage, sont un chef-d'œuvre. La couleur de ce tableau, laquelle est ferme en général, a moins de crûdité que M. Schnetz n'en met quelquefois, bien que dans plusieurs endroits elle manque de tons dorés, qui la réchaufferaient. Quel dommage d'employer un beau talent pour un aussi grand tableau de ce genre, qui ne sera jamais goûté que par le peintre qui voudra l'analyser ! Ce défaut au reste est celui du *Jacques Clément*, de M. Roujon, qui, dans sa manière large, témoigne aussi de l'énergie, quoique son ouvrage en aurait le double s'il était réduit de moitié ; des moines de M. Étex, qui sont également trop grands pour le peu d'intérêt du sujet, et de la *Diane de Turgis* de M. Roqueplan, qui, peu supportable comme elle est, bien qu'on ne puisse rien lui reprocher et qu'elle dénote beaucoup de talent, serait un charmant tableau s'il était moins grand. Puisque j'en suis à M. Roqueplan, je dirai que son *Antiquaire* a de très-jolies choses faites largement avec facilité ; j'y ai seulement regretté que la figure principale me parût la plus négligée.

Procession de la Ligue, par M. Robert Fleury. Ce tableau, par sa belle couleur, engage ceux qui l'aperçoivent à le regarder. Sans pouvoir rien dire contre la composition, qui est bien, elle aurait pu se sentir plus poétiquement, attendu ce qu'elle représente. La droite de cet ouvrage est préférable à la gauche. On rencontre dans le tout quelques physionomies auxquelles on désirerait peut-être une autre expression, mais la mimique et l'individualité y règnent suffisamment. Le dessin est un peu maigre quelquefois dans le nu, mais on ne remarque guère de négligences dans cet ouvrage harmonieux qui plaît beaucoup et que j'aime infiniment.

Derniers momens de la grande-dauphine, belle-fille de Louis XIV, par M. Beaume. Ce tableau agréable appelle aussi les passans, résultat infaillible de la couleur, qu'en parlant de de M. Ingres, j'ai regardée avec raison comme le charme le plus séduisant de la peinture. Cet ouvrage d'une composition simple qui n'est pas sans défaut, mais dans laquelle les personnages, Louis XIV surtout, sont placés d'une manière convenable, perd un peu quand on l'analyse. Si son coloris est fin et assez vrai, le dessin, faible parfois, en est trop négligé, ce qui ne serait pas si l'artiste ne se hâtait point tant. Mais de même que le peintre dessinateur oublie trop la couleur, celui qui vise à cette dernière est trop souvent tenté de s'arrêter dès qu'il croit avoir l'effet ou l'harmonie ; or, M. Beaume n'avait plus rien à désirer quant à l'accord de son tableau, qui cependant est un peu mou d'aspect, et dans lequel on désire plus de variété de touche et de fermeté dans certaines figures. Le même artiste a aussi au Salon une petite chasse au marais, pleine de vérité.

Charles-Quint visitant François 1er *à Madrid, quand il y était prisonnier,* par M. Alfred Johannot. Ce joli petit tableau, bien composé, se distingue par une couleur brillante, où je n'ai remarqué d'autre défaut que le rouge du manteau sur la gauche, qui n'est point assez rompu. Sans avoir toujours le caractère qu'on désirerait, les têtes ont de l'individualité. Malheureusement celle de François 1er est loin d'être une des meilleures. On désirerait peut-être ne pas rencontrer quelques négligences de formes et de dessin dont la correction ne refroidirait point ce tableau, qui, je le répète, est fort agréable et fort joli.

Femmes d'Alger dans leur appartement, par M. Eugène Delacroix. Je me rappelle d'avoir salué le talent du peintre qui a fait *le Massacre de Chio*, comme long-tems avant j'avais salué le talent de Gros dans ma jeunesse. Plein de verve et d'originalité, doué d'un beau sentiment de couleur, né peintre autant qu'aucun homme de ce monde, quelle carrière M. Delacroix avait devant lui! Sans connaître les motifs qui l'ont empêché de se livrer à des études sérieuses, je dois les respecter ; mais, s'il avait plus étudié, à quel haut degré ne serait-il point parvenu! Je souffre de dire que depuis *le Massacre de Chio,* j'ai toujours vu M. Delacroix changer dans sa manière. A cette époque, sa gamme était celle qu'il avait indubitablement prise en méditant les grands maîtres ; s'en écartant depuis, je ne sais pourquoi il les a toujours de plus en plus oubliés, tantôt pour donner dans le gris, tantôt pour se livrer à des tons sales, bien qu'au milieu de tout cela il y eût toujours quelques étincelles dignes de rappeler ce qu'il était avant. *Les femmes d'Alger dans leur appartement* ne sont point une étincelle, mais, attendu le sujet du tableau, une heureuse réminiscence, bien que dans un autre genre, de l'artiste qui a peint *le massacre de Chio.* Je dis attendu le tableau, car cette coquetterie chatoyante de coloris qui rend si bien la fraîcheur de la beauté dans son printemps, ne conviendrait point à beaucoup d'autres sujets. Bref, la coquette couleur des femmes d'Alger est fort bien. Pourquoi suis-je forcé de dire que le dessin et la composition sont loin d'y répondre? Quelle expression triviale, quelles poses vulgaires, quel galbe commun, quel type déplorable, pour de jeunes femmes qui devraient ressembler aux houris de Mahomet! J'ai souffert quand j'ai vu M. Delacroix partir pour Maroc. Je connais trop pour mon malheur ce beau pays, qui dans le Taffilet possède à mon avis le paradis terrestre de ce globe; mais la nature maigre des habitans qu'on peut mal interpréter, bien que cette zône possède aussi, mais rarement, des hommes d'une beauté sans défaut, n'était pas ce qu'il fallait à M. Delacroix. Cet artiste est plein d'imagination, mais son goût n'est pas sûr. N'ayant jamais brillé par le dessin, il était à craindre que son voyage à Fez le rendît bizarre, au lieu d'en rapporter une belle originalité. J'ai recommandé aux peintres dont l'œil est affadi par le dessin froid et les contours raides de cette école, de regarder M. Ingres ; au contraire, je crois que M. Delacroix, avec la fougue de sa verve, ne devrait jamais regarder que l'antique. S'il ne le trouve point assez animé, qu'il soit tranquille, son imagination, ou la folle du logis, comme dit Montaigne, le réchauffera toujours assez. Dans le fait, Michel Ange n'est que cela. Etudier l'antique est, je crains, l'unique port où M. Delacroix puisse se réfugier contre les naufrages de l'avenir. S'il ne l'aime point, qu'il le prenne comme une médecine ; on s'habitue aux plus mauvaises.

Bataille de Nanci, mort du duc de Bourgogne, Charles-le-Téméraire. Avant tout, je dois dire que je ne conçois pas comment M. Delacroix n'a point osé prendre la licence si naturelle de supprimer la neige dans cette bataille. Rubens et les autres bons coloristes n'y auraient point manqué. Elle n'était nullement nécessaire, et son aspect nuit tellement à la beauté d'un tableau, qu'elle ne doit se rencontrer que dans les évènemens trop récens pour qu'on ose la supprimer. La neige a toujours un aspect étrange dans la zône où nous sommes, quoiqu'elle puisse plaire dans les régions hyperborées où elle couvre le sol pendant la plus grande partie de l'année. Venant à la bataille de Nanci, elle n'est pas sans avoir du bon, quoique le public la goûte peu. Il y a de la vie, du mouvement, dans cette mêlée qui papillotte à l'œil, parce qu'il n'y a point de parti pris. Les femmes d'Alger se ressentent aussi de ce défaut. Le duc de Bourgogne, surtout, est très-bien, sauf le dessin, car une cuirasse ne cache point le trop de longueur ou de petitesse des membres. Mais c'est bien la colère, la violence, la farouche cruauté dont Charles-le-Téméraire avait donné tant de preuves, qui lui inspirent encore le désir de se défendre quoiqu'il n'ait plus d'armes. Si les bonnes qualités de M. Delacroix se trouvent dans quelques autres épisodes, où malgré la confusion l'œil exercé reconnaît du talent, il faut trop les chercher dans ce pêle-mêle où les formes manquent de pureté. Le public est souvent injuste pour cet artiste que les exclusifs en peinture déprécient. Les arts ne doivent pourtant pas se juger par système, mais par sentiment.

Puisque j'en suis aux batailles, il est juste que je dise un mot de celle de *Sidi-Feruch,* par M. Langlois, qui ne manque pas de verve dans ce tableau. Peut-être un œil difficile, malgré la fumée de la droite, trouverait-il un peu de monotonie dans la disposition générale quant à la couleur ; mais le dessin, quoique d'une nature un

peu ronde et manquant d'individualité, est mieux qu'il n'est ordinairement dans ce genre de tableaux. Les figures du premier plan,
ressortiraient davantage, si elles étaient réveillées par des tons plus
fermes et des touches plus hardies. La critique que je viens de faire
de cet ouvrage prouve qu'il m'a arrêté.

En voyant le *Berger grec* de M. Amaury-Duval, que je rougis
d'avoir pris pour un Indien, et remarquant la façon dont cet artiste renchérit sur l'ancienne manière de peindre de M. Ingres, je
n'ai pu m'empêcher de me dire à moi-même : Comme en général on
ne prend guère que les défauts de son maître et rarement ses qualités, le plus sûr moyen de faire des progrès dans les arts, pour
celui qui est né avec des dispositions, est de méditer la nature en
l'étudiant, sans préjugés d'écoles et sans principes exclusifs.

Ève, par M. Delorme, est une jolie figure bien modelée, on ne
peut plus exacte et correcte dans son dessin, qui même est très-
agréable, mais elle est froide et manque de poésie pour ma malheu-
reuse organisation. Les accessoires, qui ne sont point assez éteints,
nuisent aux chairs par leur crudité. Ce serait un beau tableau s'il
était disposé de manière à faire valoir les carnations. Je pourrais
dire la même chose relativement à *la Baigneuse*, par M. Norblin,
à laquelle toutefois je crois *Ève* bien supérieure.

*Le Poussin, avant d'expirer, reçoit les soins du cardinal
Massinino et les secours de la religion*, par M. Granet. Ce
noble et digne Poussin qui dans sa vie a fait tant de miracles en
peinture, était loin de soupçonner que grâce à la presse il en ferait
encore un de nos jours après sa mort. Je dis grâce à la presse, car
c'est elle qui tout à coup vient de métamorphoser en peintre d'histoire M. Granet, que jusqu'alors, lecteur, quelque bien intentionné
que tu sois, tu n'avais probablement cru qu'un peintre de genre et
d'intérieurs, bien que peut-être dans un style un peu plus élevé que
d'autres, si tu veux. Cet artiste, ainsi que MM. Ingres et Delaroche, est un des mieux servis par les journaux. Cette fois, cependant, ils ont encore plus mis les fers au feu en faveur de M. Granet,
sans doute pour le miracle qu'ils voulaient opérer. Comme je ne
peux supposer qu'un membre de l'Institut se ravale au point d'aller
en quête d'articles de journaux, si j'avais le plaisir de connaître
M. Granet, je le prierais de me donner sa recette. Ce n'est pas que
j'aie souvent besoin de la presse. Mais une tuile, comme la tortue
d'Eschyle, peut nous tomber sur la tête, on est heureux d'avoir un

médecin dans ces cas-là. Surtout, bon lecteur, ne te fâche pas de
ma courte digression que je te supplie de pardonner, car l'auteur d'*Angèle* m'a jeté une vraie tuile sur la tête en revêtant si
étrangement de mon nom un des rôles les plus ignobles qu'on ait
mis sur la scène, procédé qui froissa d'autant plus ma juste sensibilité, que, sans en demander aucune reconnaissance à M. Alexandre Dumas, je suis le seul qui ait osé braver le courroux de Bonaparte en le suppliant d'adoucir la mesure trop cruelle qu'il
voulait prendre contre son père à notre retour d'Egypte, mesure
dont les motifs sont étrangers ici, mais qui excita surtout mon
intérêt parce qu'on mettait au nombre des causes provoquant le
fiel vengeur du premier consul, que le général Dumas était homme
de couleur. Cela me paraissait d'autant plus ridiculeusement injuste
que je n'en avais pas moins connu Dumas comme un très-brave homme
dans les dragons de la reine, connaissance peu intime, il est vrai,
mais que prompt comme l'éclair je me fis un devoir de me rappeler avec feu quand je crus que mon intercession pourrait être utile.
Voyant donc mon nom si impudemment vilipendé par le fils du général Dumas, je pris le parti de m'adresser aux journaux. Qu'ils ne
vinssent point à moi d'eux-mêmes comme ils se rendent au magnétique appeau du talent de M. Granet, puisque je n'ai point sa recette, c'était chose naturelle ; malheureusement je dois ajouter que,
bien qu'il fût question d'un objet plus sérieux que de préconiser des
tableaux, j'ai trouvé la presse à peu près de glace à mon égard.
Toutefois je ne me plains point, car il suffit qu'un journaliste ait
une égratignure, un rhume, voire le hoquet, aussitôt l'Europe a le
bulletin de sa santé. Or le système d'Azaïs n'est point en défaut, il
y a compensation.

Changeant de ton à présent, et revenant à M. Granet, comment
est-il possible que la presse ait pu se dégrader au point de vouloir
rendre le public dupe d'une mystification aussi déhontée que celle
qui place comme le troisième du Salon un tableau qu'on regarderait
comme très-médiocre s'il était d'une autre main ? Cet impudent
charlatanisme me rappelle une anecdote de Danton, qu'un Champenois de son pays venant à Paris chercher fortune consultait sur le
meilleur moyen de réussir. Il n'en est qu'un, répondit l'énergique
fondateur du club des cordeliers : *braille, braille,* et *encore
braille.* En effet, peut-on brailler plus fort que de porter pour un
tel tableau l'effronterie jusqu'au point où je le disais ? Après avoir
vu le grand tout de cet ouvrage, *une des productions les plus
remarquables de toutes les écoles ;* après avoir admiré la teinte
crue et charbonnée du fond qu'on donne avec tant d'impudence

pour *l'harmonie mystérieuse de ce chef-d'œuvre d'exécution d'un artiste qui procède par la représentation laborieuse et littérale de tous les détails qu'il traite avec un soin précis;* de grâce, lecteur, jette un seul regard sur la tête de ce respectable et noble Poussin, sur sa main qui a exécuté tant de chefs-d'œuvre, et que tu ne reconnaîtras ici que parce qu'elle est au bout d'une manche. Vois de même celle de la figure qui lui passe on ne sait quoi sous le nez, la femme qui est au chevet du lit; en un mot, observe comme tout est négligé de la manière la plus impardonnable dans ce *progrès inespéré* chez M. Granet, *dans ce miraculeux ouvrage, le plus bel hommage qu'on ait jamais rendu au Poussin.* Vainement quelque sage flegmatique en proie à l'atonie générale de tout son être, voyant le débordement actuel d'un charlatanisme imposteur, me comparerait-il à ce fou qui tâchait d'arrêter l'ouragan avec son chapeau. Mon épigraphe m'ordonne d'arracher pour le public un masque perfide où je le vois, et l'ample part que je fais à la liberté de la presse dans mon *Mentor des rois* et mes *Considérations sur le gouvernement républicain* selon ces deux manières de régir les hommes, est un garant que je ne veux point l'attaquer. C'est le plus scandaleux abus de la presse que je combats seul ici. Quelles trompettes de mensonges! quels charlatans de coterie pleins de mauvaise foi! La presse ne sent-elle donc pas le tort qu'elle se fait par de tels excès qui aliènent la confiance du public? Ne prévoit-elle donc pas combien son ministère qui devrait être sacré finira par devenir méprisable, si abusant au lieu d'instruire elle ne ressemble plus qu'à ces brigands qui, pour profiter de la dépouille des navires, n'éclairent que dans l'intention de nuire en mettant des fanaux sur les écueils? *Proh pudor!*

Scène d'Arabes dans leur camp écoutant une histoire, par M. Horace Vernet. Des Kabyles, à l'ombre d'un arbre, fument leurs chibouques, prennent du café, en écoutant ce que dit un de leurs improvisateurs, comme il y en a presque partout dans le Levant. Des tentes sont dressées dans l'éloignement. Une d'elles offre une femme qui coud en tenant son ouvrage avec son pied, comme c'est la coutume dans le pays. Un peu plus en avant, un Arabe est près d'un cheval blanc vu par la croupe en raccourci; le fond du tableau représente des montagnes. L'ensemble de ce tout a une physionomie assez locale, mais pas à beaucoup près autant dans le paysage, qui est trop froid, que dans les figures, qui ne sauraient être mieux, sauf le vêtement blanc des Arabes, dont le peintre n'a pas évité le désagrement par des oppositions. Les physionomies sont parfaitement variées ; leurs traits, les bras et les mains sont bien accusés, spirituellement accentués. Quel dommage qu'Horace Vernet n'ait pas eu quelque réminiscence heureuse de son petit *Mazeppa*, pour répandre plus de poésie sur la couleur de ses Arabes qui déplaît par son manque d'éclat et sa crudité ! Cet artiste en général, surtout dans ses ouvrages de petite dimension, exclut trop de sa gamme l'ocre jaune, qui de toutes les couleurs est avec l'ocre de rhu celle qui harmonise et réchauffe le plus un tableau. Peut-être objectera-t-on qu'il n'en a point fait un usage heureux, quoiqu'il y en ait peu, dans l'arrivée du duc d'Orléans au Palais-Royal ; c'est vrai, mais il est tombé dans l'excès contraire pour cette scène de nuit, que beaucoup prennent pour une scène de jour. Depuis qu'il y a des peintres dans ce monde, cependant, je doute qu'aucun ait jamais rien fait de plus adroitement que certains objets qui sont dans le tableau des *Arabes*. L'adresse malheureusement n'est pas tout pour un artiste ; elle peut même l'égarer. Comme le tableau des *Arabes* est à peu près de la même grandeur que celui qui représente un *Corps-de-garde turc* par M. Decamps, dont le talent a des qualités opposées à celui de Vernet, avec lequel je suis loin de le mettre en parallèle si ce n'est dans ces deux productions analogues, je profiterai de la circonstance pour faire quelques remarques relatives à l'art. Toutefois il est juste de parler du tableau de M. Decamps.

Un corps-de-garde sur la route de Smyrne à Magnésie. La scène de ce tableau consiste dans le repos de quelques soldats turcs, armés et vêtus d'une manière disparate, fumant, causant, râclant du luth, accroupis ou debout et immobiles. Un jeune enfant, jeté seul avec sa figure douce au milieu de ces physionomies sombres, forme un contraste piquant, tandis que la fraîcheur obscure de la bicoque où sont les soldats fait ressortir par opposition le jour brûlant du dehors, et la poussière que les chameaux soulèvent avec leurs pieds. J'ai passé, pour le malheur de ma vie, plus de dix ans près d'Alger, que j'ai visité pour la seconde fois en sortant de ma longue captivité ; et sans être assez fou pour vouloir rien rectifier ici touchant la vérité du *Corps-de-garde* de M. Decamps, il en est un que j'ai souvent vu en allant de Smyrne à Bournabat. Or je dis ingénument que M. Decamps me le rappelle beaucoup plus que le tableau de Vernet ne me rappelle les environs d'Alger. Il y a même quelque puissance et du caractère dans ce *Corps-de-garde turc*. C'est un charmant tableau, le ton du coloris est on ne peut plus fin sur la gauche. En outre, c'est un tout plus complet

que la bataille des Cimbres, dont je parlerai tout à l'heure. J'ai dit
que le talent de M. Decamps est tout différent de celui d'Horace
Vernet. En effet, il ne faut point ici chercher de détails, mais la
puissance des masses et l'harmonie générale du tableau, qui perdrait
peut-être de ces qualités à mesure qu'on le chargerait de détails.
Cela n'exclut pas la pureté, cependant ; M. Decamps en manque
trop dans son dessin. Ses figures, ses physionomies surtout, offrent
bien la masse des traits du visage, et l'on s'en contenterait à la
rigueur ; mais les mains, les pieds et les jambes, sont trop négligés,
surtout celles de la petite fille versant à boire qui sont impardon-
nables. Ce défaut est racheté par la chaleur et le beau ton du coloris, lequel est plein d'une poésie que Vernet devrait méditer, de
même que Vernet a des détails que M. Decamps ne devrait pas cesser
d'admirer. Mais comment? dira-t-on ; vous parlez de poésie pour la
couleur, passe encore pour la forme de l'espèce humaine, chez laquelle on peut choisir le plus beau type ; mais un bel arbre comme
un vilain est toujours vert, le manteau des Arabes à moins qu'il
ne soit dans l'ombre est toujours blanc ; il en est ainsi de tous les
objets de la nature, et puisqu'elle les spécifie dans leur couleur,
pourquoi le peintre doit-il l'altérer? C'est parce que tout corps en
relief qu'on veut rendre sur une superficie plane a besoin d'être
outré ou modifié selon qu'en juge l'œil de l'artiste ; autrement, il
sera toujours froid et mort. Qu'on voie un objet représenté dans
la chambre obscure, personne n'ose dire qu'il n'est pas vrai ; cependant si cette représentation fait un tableau exact, elle ne fera
jamais un bon tableau. Ce que je viens de dire se sent particulièrement pour le portrait. Quelle que soit la fidélité scrupuleuse avec
laquelle on rend les traits d'un visage, il manquera toujours de vie
si ces traits ne sont disposés de manière à les faire valoir, soit par
ce qui les entoure qu'on mutile, soit par l'éclat qu'on donne à ces
mêmes traits en les harmonisant avec un tout brillant. Par exemple, bien que la différence ne soit pas aussi frappante entre deux
aussi grands maîtres que ceux dont je vais parler, il est certain
que le portrait d'*Arnauld* peint par Philippe de Champaigne, est
bien plus la nature prise sur le fait que celui de *Richardot* peint
par Rubens. Cependant auprès de ce dernier le portrait d'*Arnauld*
paraîtrait mort et sans vérité. La raison en est que si l'imitation de
Philippe de Champaigne est plus fidèle, plus exacte, plus complète
en rendant tout, elle le rend plus faiblement. Rubens, au contraire, ne saisissant exclusivement que ce qu'il a vu de plus frap-
pant dans l'aspect de la nature, l'exprime avec plus d'énergie. Tout
dépend donc de la manière de voir pour un coloriste comme pour

un dessinateur. Tel objet qui paraît simple et sans être susceptible d'aucun embellissement aux yeux de l'homme ordinaire pétille devant l'œil d'aigle de l'homme de génie, qui, le combinant à l'instant, ne s'occupe que de ce qui peut le montrer sous son aspect le plus favorable. Les grands effets, dans les arts d'imitation, dépendent donc toujours de la vue exclusive de l'artiste, qui, sentant qu'il ne peut tout rendre avec une force suffisante, ne doit prendre qu'un côté des objets, pour le faire saillir et dominer aux dépens des autres. Qu'on voie la magie de Rubens dans le *Couronnement de Marie de Médicis*. Soumettant tout aux chairs qu'il voulait faire ressortir, non seulement il a sacrifié les fleurs de lis d'or du tapis et tout ce qu'il y avait de plus éclatant; mais il a triché au point de ne donner qu'une couleur grise aux immenses collerettes blanches des femmes de peur que cette dernière couleur ne fît tort aux carnations. Tout le monde cependant trouve les collerettes assez blanches et les accessoires assez brillans dans ce chef-d'œuvre de Rubens, où sa gamme sublime n'en est pas moins étourdissante que dans ses autres tableaux. Cette étonnante qualité, comme je l'ai dit en parlant du *saint Symphorien* de M. Ingres, peut ne pas être aussi avantageuse que le dessin de Michel Ange ou de Raphaël pour aller à la postérité, attendu qu'elle est impossible à saisir par un graveur. Rubens, toutefois, n'en avait pas moins mis autant d'idées les unes au bout des autres pour se perfectionner dans la couleur, que les peintres italiens que je viens de citer en avaient mis pour obtenir leur beau dessin. J'ai vu nombre de tableaux que Rubens a faits dans sa jeunesse, entre autres des *bacchanales* qui sont à Madrid, dont la gamme n'est pas plus forte que celle de Boucher, auquel sans le dessin et la composition même un connaisseur les attribuerait pour la couleur. Mais revenant à ce que je disais avant, la nature seule peut avoir divers aspects, être à la fois terrible, comique, vieille, jeune, forte, gracieuse, réunir tous les contrastes. Quant à l'art, sans jamais pouvoir prétendre à rendre tout ce qu'il voit, il doit ne s'emparer que du côté qu'il croit le plus favorable pour le montrer plus fortement, mais toujours avec condition de l'exagérer un peu; car la grandeur, la sublimité, même la grâce et toutes hautes qualités de la peinture, ne reposent que sur l'élagage mensonger et la mutilation de la vérité. Il en est de même pour la poésie. La belle description de *la Tempéte* d'Homère et tout le sublime de ses *Combats* ne reposent que sur un mensonge adroit qui consiste à ne parler qu'à peine, s'il ne l'omet tout à fait, de mille circonstances inséparables de la nature, pour ne s'occuper que des objets qui peuvent le plus frapper l'imagination.

Marius défait les Cimbres dans la plaine située entre les Belsannettes et la grande Fugère (Provence). S'inspirant ici de Salvator et de Bourguignon, je n'en blâme point M. Decamps pour une première fois, mais il est assez fort pour chercher à voler de ses propres ailes. J'ai dit en parlant de M. Bruloff que le *Dernier jour de Pompéi* était un sujet mal choisi ; je pourrais le répéter pour le tableau dont il s'agit ici. M. Decamps avait au Musée *la Bataille d'Arbelles* par Breughel qui aurait dû le dégoûter. L'œil est toujours inquiet sans savoir où se reposer sur de tels ouvrages. On appelle ordinairement *tableaux de bataille* ceux qui représentent leur incident le plus marquant ou ce qu'elles ont de plus intéressant. *Les batailles* de Le Brun sont un modèle dans ce genre ; l'art ne peut aller au-delà. Il y a certainement beaucoup d'imagination et de verve dans cette espèce d'esquisse de *la Bataille des Cimbres*, que peu de personnes pourraient faire ; mais, comme on l'a déjà dit, ce n'est guère qu'un rêve spirituel, que je ne considère cependant pas sous le même aspect que beaucoup d'autres à cet égard. Je crois au contraire que si l'artiste désormais veut s'en donner la peine, il est capable de belles choses dans ce genre. Il y a de la puissance dans la fuite des Cimbres vers la droite ; un épisode bien choisi dans une autre bataille, même un épisode qui augmenterait par des scènes secondaires qui lui seraient subordonnées, serait peut-être pour M. Decamps l'occasion d'un haut succès, car il y a de l'étoffe dans l'auteur de son tableau. Ses défauts sont un peu dans les seconds plans de ravins à la droite qui avancent trop sur le premier, dans l'uniformité du ton général, la lourdeur du ciel qui, supposant qu'on l'eût ainsi vu, devrait s'éviter comme ne pouvant durer en Provence ; enfin, dans les figures nues du devant surtout qui sont trop mal dessinées et ne se détachent point assez du terrain, ce qui détruit l'effet que l'artiste voulait en obtenir pour éloigner ce qui fuit. J'ai également vu dans *le village turc* de M. Decamps un enfant et une tête d'âne qui sont d'une finesse de ton égale à tout ce qu'on peut voir de mieux dans ce genre ; mais que cet artiste prenne garde à sa manière, elle est dangereuse comme antipathique du dessin et du modelé.

Petits Voleurs de bois arrêtés par un garde-chasse, par M. Grenier. Ce tableau est charmant. On ne saurait en faire l'éloge ; il faut le voir. Je ne parle pas de l'expression du plus petit enfant, car il n'est point encore en âge de sentir, ce que le peintre a parfaitement rendu ; mais la petite fille qui pleure, l'assurance du gamin qui cache le panier de pommes qu'il a volées quand il voit que le

garde a saisi le bois, sont au-dessus de toute expression, de même
que le garde lui-même qu'on reconnaît ne les menacer que pour leur
faire peur. Ce tableau, parfait dans son genre, n'est pas le premier
haut succès de M. Grenier, dont tout le monde connaît *les Enfans
surpris par un loup* et *le Mauvais sujet*.

Le départ pour la ville, par M. Destouches. Au moment de
monter dans la barque qui doit l'éloigner des lieux de sa naissance,
une jeune paysanne reçoit la bénédiction de son père et les adieux
de sa famille affligée. M. Destouches, depuis long-temps, plaît au public par des sujets qui, faisant faire un retour sur soi-même, inté-
ressent en causant de l'émotion. La mimique et la disposition de ce
tableau sont fort bien. C'est un petit drame agréablement composé,
dont les acteurs ont l'expression qui leur convient. Je pourrais répéter ce qui précède, à peu de choses près, pour *l'Orpheline*, autre
tableau du même artiste. J'ai vu quelques petites négligences dans
ce dernier, que je blâme uniquement parce que le peintre n'a pas
voulu faire davantage; mais le maître de la maison est fort bien.
Comme je dois être franc touchant cet artiste, qui a du talent, son
coloris m'a paru moins harmonieux et plus blafard. Sa gamme est
un peu faible à présent. Je n'en parlerais point si je ne prenais au
talent de M. Destouches un véritable intérêt. *Le Départ pour la
ville* et *l'Orpheline* n'en sont pas moins deux très-jolis tableaux; il
est difficile de les regarder sans être ému.

*Portrait en pied de M. le maréchal Soult, président du
conseil des ministres*, par M. Rouillard. La ressemblance n'est
guère ce qu'on cherche pour ce genre de portraits, et l'artiste a tellement fait ses preuves à cet égard, qu'il y aurait de la sottise à lui
reprocher de l'avoir omise cette fois. Mais M. le maréchal est bien
planté; ce portrait est beau. Pour parler vrai, je n'aime pas le pantalon blanc. M. Rouillard, mais peut-être ceux qui donnent ce genre
de travaux ne l'auraient-ils pas permis, M. Rouillard, dis-je, aurait facilement pu éviter cette grande tache blanche, en supposant
à moitié de la cuisse une ombre portée qui aurait sacrifié tout le bas
du tableau. Les peintres français, en général, disposent mal le portrait. Les Anglais, qui suivent la méthode de Reynolds, ont beaucoup
d'avantage sur eux à cet égard, c'est à dire pour la disposition générale seulement, car pour le reste ils sont inférieurs. Il est certain,
cependant, qu'une masse de lumière projetée sur la partie principale
pour y fixer l'attention, tandis que par opposition les autres sont
dans une demi teinte plus ou moins obscure pour faire valoir la lu-

mière, est une méthode préférable pour le portrait à celle qui fait tout briller également, puisque la tête est toujours ce qui doit le plus attirer l'œil du spectateur. L'habillement du temps des anciens maîtres avait un grand avantage sur celui de nos jours ; mais je suis persuadé que si Vandyck, Titien, Vélasquez, Rubens surtout, avaient eu les placards de blanc continuels qui s'opposent maintenant à ce que l'œil tombe de suite sur la physionomie, il les aurait tellement dissimulés par des accidens de toutes façons qu'on ne s'en serait point aperçu. Je sais que beaucoup d'individus qu'on peint n'aimeraient peut-être pas cela dans le commencement, parce qu'ils veulent que tout soit également brillant partout ; mais ils finiraient par s'apercevoir que les détails accessoires bien faits dans la demi-teinte, plaisent plus que ceux qui sont éclairés par un grand jour. Dans aucun genre de peinture la lumière ne doit avoir une dégradation plus brusque ni plus outrée que dans le portrait ; c'est celui où les effets de cave conviennent le plus. On sent que la digression que je viens de faire regarde d'autant moins l'auteur du portrait du maréchal Soult qu'il est sans contredit un de nos premiers portraitistes ; je ne me la suis permise que dans l'intérêt de l'art.

Etude de jeune femme espagnole effeuillant une marguerite, par M. Steuben. Je me rappelle d'avoir vu l'an passé le portrait de M. Arago par le même artiste ; il était plein de verve et de franchise. Rien de plus joli que l'Espagnole actuelle, c'est un vrai rubis. La tête est charmante, mais je trouve les mains au dessus. Rubens aurait pu les peindre plus animées, à coup sûr il n'aurait pu les faire plus jolies. Cependant, comme tout a ses défauts dans ce monde, je trouve la bouche et le nez accentués un peu trop également et les yeux manquent d'humidité. L'on peut critiquer sans crainte où il y a tant à admirer. Cette Espagnole, je le répète, ne peut mieux se comparer qu'à un brillant rubis.

M. Champmartin, comme portraitiste, a un bon principe de couleur, mais il ne peint pas toujours avec fermeté. L'on dirait même parfois, quoique rarement, qu'il y a comme une poudre légère qui nuit au relief de son ouvrage. Comme je sais que les peintres de portraits vont vîte, ce dont je ne les blâme point attendu le ridicule souvent impardonnable du public à leur égard, je dois rappeler également que ces artistes font très-bien quand ils veulent en prendre la peine, témoin pour M. Champmartin le portrait de Mme de Mirbel et plusieurs autres que je pourrais citer.

M. Dubufe a du talent, quoi qu'en disent les artistes en général.

Comme je ne suis point exclusif en peinture et que je rends également hommage à tous ceux que je crois qui font bien, si le talent de M. Dubufe est maniéré, même parfois damoiseau, quoique bien moins aujourd'hui, qui n'a pas de défauts ? J'ai vu des portraits de M. Dubufe qui m'ont fait un vrai plaisir.

Parmi les autres portraits que j'ai regardés, et qui sont bien, je serais coupable de passer sous silence celui de femme par M. Hesse, l'auteur des *Funérailles du Titien*. Bien posé, bien dessiné, fermement peint avec des plans on ne peut mieux accusés, il est d'une beauté remarquable. Je ne lui trouve qu'un défaut, c'est de manquer de poésie dans la couleur. Si M. Hesse peut acquérir cette qualité dans le premier qu'il fera en conservant celles qui sont dans celui-ci, je ne doute pas qu'il ne s'élève au plus haut degré dans ce genre.

Episode de la peste de Marseille, en 1720, par M. le comte de Forbin. Comment diable le charlatanisme général de cette époque peut-il s'infiltrer jusqu'au point de tromper le public par l'annonce d'un tableau, comme un mauvais arracheur de dents vend un peu d'eau teinte pour du baume sans pareil! s'écriait sans doute un mauvais plaisant qui parlait à son voisin au Salon. Le livret ne se gêne pas pour dire *Episode de la peste de Marseille,* par le comte de Forbin, comme un autre dirait *Episode du Déluge,* par Girodet. Mais tiens, regarde. Malgré leur épisode, je ne vois ici que deux ou trois petits brins de figures assez mauvaises qu'il faut chercher en bas d'une grande toile badigeonnée, laquelle toutefois n'est pas trop mal pour M. de Forbin si c'est lui qui l'a couverte, car d'aucuns prétendent qu'il a son teinturier. Lecteur, je répète que l'individu dont je parle ne pouvait être qu'un mauvais plaisant, car laissant là le teinturier auquel je ne crois point, puisque le comte de Forbin donne ses tableaux comme de lui, je pense au contraire que tu as le droit de lui faire ton compliment sur ses progrès. En effet, ce n'est plus *Forbin lilas, Forbin le Raphaël du moisi,* comme disait David ou Denon. Aujourd'hui, *M. de Forbin est un de nos meilleurs artistes. M. de Forbin est l'homme de goût, le peintre habile dans les tableaux duquel tout le monde se plaît à reconnaître les qualités précieuses qui donnent à ses ouvrages le cachet particulier d'une imagination poétique et aventureuse, qui brille surtout par un charme d'opposition qui est un des plus puissans attraits des ouvrages de M. de Forbin, dont les moyens simples et savans, la manière large et les pensées philosophiques font comparer*

ses compositions avec les plus belles de Sébastien Bourdon.
Au moins, bon public, tu vois qu'ils n'ont pas peur d'endormir le
génie en l'énivrant d'encens ; et si par hasard ton mauvais goût
te porte à croire qu'on ne frappe pas juste, tu seras forcé de
convenir qu'on frappe fort. Mais quelle réticence m'arrête tout-
à-coup et m'empêche de faire la critique des tableaux de M. Forbin ? C'est indubitablement un cas de conscience de ma part, pour
ne pas dire la crainte où je suis qu'on me trouve injuste à son égard ;
car, bien que le comte de Forbin ait passé pour malade pendant les
séances du jury de 1833, je n'accuse que lui et M. de Cailleux d'a-
voir été la cause de l'insigne guet-apens dont j'ai été victime à
cette époque, pour se venger de ce que me plaignant du premier,
j'avais également écrit à l'intendant de la liste civile, n'ignorant pas
que ma lettre leur serait renvoyée : *M. de Cailleux profane le
nom du Roi pour mentir scandaleusement, prétendant que
Sa Majesté lui a dit des choses que j'ai vérifié n'être pas. En
outre, il assure faussement avoir par écrit des ordres que je
sais ne point exister.* Cependant je suis le premier à dire que ce
dont je me plaignais alors doit être en vigueur depuis la dernière ordonnance concernant le musée. Mais à cette époque j'avais le droit
de retirer du Salon, comme en effet je l'ai retirée au bout de cinq
jours malgré le comte de Forbin et M. de Cailleux, ma *Procession
des serpens en Egypte* qu'on avait exprès mal placée pour qu'on
ne pût la voir. Quant aux membres du jury qui n'ont pas rougi de
se ravaler au point de me jeter depuis la boue de ces deux messieurs,
leur conduite est trop méprisable pour en parler ; mais, quand ils
le désireront, je prouverai devant les tribunaux qu'ils ont trahi
pour moi leur conscience et leur devoir.

Revenant au Salon, lecteur, car il n'est pas juste que tu perdes
à ma digression et je dois t'en donner pour ton argent, si tu veux
voir le tableau représentant un *Episode de la peste de Marseille,* par le comte de Forbin, tu sauras qu'il est à la place d'hon-
neur, c'est-à-dire à la meilleure, chose toute simple, car charbon-
nier est maître chez lui, dit le proverbe, comparaison vulgaire dont
je me sers parce qu'elle peint bien ce que je veux rendre, mais
qu'il serait fou de croire que je voulusse en rien appliquer au lieu
sacré dont je parle ici. Quant aux deux autres tableaux du comte
de Forbin, tu les trouveras à droite à l'entrée de la grandre galerie, où *sa palette poétique* te les fera reconnaître à la couleur,
bien que cette fois il n'ait pas cru nécessaire de les faire *briller par
ce charme d'opposition qui est un des plus puissans attraits
de ses ouvrages.*

Avant de continuer, puisque j'en suis arrivé à parler des paysages, je dois avouer mon côté faible à leur égard. Non seulement ayant visité plusieurs fois l'Italie, l'Espagne, la Grèce et les autres pays où l'Europe est le plus agréablement ossifiée, j'ai sillonné le globe dans tant de sens différens que le souvenir des beaux sites que j'ai vus me fait trouver froids et monotones ceux de la zône où nous sommes, surtout dans le pays où nous vivons. Aussi, tout passionné que je suis pour les arts, si je regarde un Ruysdaël, par exemple, c'est pour la finesse de sa touche, son exactitude et ses jolis détails, mais jamais pour le site qu'il représente. Il en est ainsi pour moi de tous les Flamands, autant vaudrait presque dire des Français. En effet, un horizon plat, quelques arbres d'une vilaine forme d'un côté, une ou deux maisons de l'autre, un grand chemin sur lequel passent une charrette, un homme en blouse et son chien, un peu de crottin derrière, telle est presque la composition du plus grand nombre de paysages dans ce pays. On conclura de là que je n'aime guère que le paysage historique ou de lignes, comme on voudra l'appeler; c'est vrai. Aussi le Poussin, à la lourdeur près de ses arbres quelquefois, est-il l'homme que je préfère dans ce genre. Après ce préambule, lecteur, ne t'étonne pas si je m'étendrai peu sur cette sorte de tableaux.

M. Bertin dans sa *Vue prise du lac de Pérouse*, soit qu'elle existe ainsi dans la nature, ou que l'artiste y ait fait des changemens, se rapproche du paysage de lignes dont je parlais tout à l'heure; elle me plaît par l'heureux arrangement de sa composition. On s'y promène bien, les plans sont assez distincts pour qu'on pénètre partout, les montagnes sont d'une ossification mâle, quoique peut-être point assez anguleuses dans le lointain. Malheureusement le coloris est un peu froid et les arbres un peu lourds. Nonobstant ces défauts le tableau de M. Bertin me plaît beaucoup. M. Rémond, dans sa *Vue prise aux environs d'Appignano*, n'a pas non plus toujours une couleur vraie, quoiqu'il y ait de très-belles parties. J'y voudrais les montagnes caractérisées plus largement; les premiers plans manquent de fermeté, surtout vers la droite. Malgré cette critique, j'aime le tableau de M. Rémond, il offre de très jolies choses.

La composition de M. Daguerre est agréablement entendue et bien diversifiée. Le côté droit m'en plaît extrêmement. J'ai regretté d'y voir les parties d'arbres dans les rochers sur le devant papillotter un peu parce qu'ils sont faits trop également. Peut-être les premiers plans y manquent-ils aussi de fermeté. Mais quel est celui dont les ouvrages sont sans défaut, comme je le répète souvent?

M. Coignet dans un genre moins élevé, son *Site des Pyrénées*, fait également preuve de beaucoup de talent. Les montagnes du second ou troisième plan, seulement, me paraissent avoir un peu de crudité.

M. Giroux, dans sa *Plaine du Grésivaudan*, commence à s'éloigner du paysage de lignes que j'ai dit être celui que je préfère. Ce préjugé de ma part toutefois n'ôte rien au talent de M. Giroux, qui doit penser comme moi puisqu'il a visité l'Italie. Quant à sa vue actuelle, qui est un badinage pour cet artiste, elle est fort bien, sauf les arbres, qui sont faits trop également.

La *Vue prise près de Saint-Léonard des Bois, dans le département de la Sarthe,* par M. Jolivard, peut donner une preuve de l'impartialité de ma critique dans cet ouvrage, car me voici tout à fait tombé dans ce que je n'aime pas, c'est-à-dire dans la froide monotonie du pays où nous vivons. Je n'en dirai pas moins que ce tableau de M. Jolivard est fort bien. Les rochers et les deux arbres rabougris sont parfaitement individualisés ; et ces derniers sont même bien touchés, mieux que les rochers. La couleur a de la vérité, et les petites figures jetées çà et là sont très-agréablement disposées. Bref, c'est une jolie petite bucolique pour la zône où nous sommes, mais combien ne serait-elle pas plus agréable si, par exemple, M. Jolivard l'avait peinte dans le pays où chantait le cygne de Mantoue.

La Pêche du maquereau, par M. Garneray, est très-bien : plein de vérité, ce tableau ne laisse rien à désirer.

Un Clair de lune, par M. Tanneur, plaît également pour sa vérité, bien que l'astre ait un peu l'air d'avoir un tube qui ne lui permet de répandre la lumière que sur un point du premier plan. Il est aisé de voir que le peintre n'a employé cet artifice que pour augmenter l'effet de son tableau. Cet effet sans doute peut exister dans la nature, mais il eût été bien plus poétique si M. Tanneur eût répandu plus largement la lumière mystérieuse de l'astre de la nuit.

M. Gudin a de la fermeté dans son *Sauvetage sur la côte de Génes.* Les diverses parties de la mer et du ciel sont parfaitement disposées pour l'effet du tableau. La partie opaque du ciel vers la gauche m'a paru ce qu'il y a de moins bien. La *Vue de*

Venise, par le même artiste, est également très-agréable, quoique le devant papillotte, parce que le peintre n'a fait que ce qu'il avait sous les yeux, sans aider la nature, comme je le prescris en parlant d'Horace Vernet et de M. Decamps. Je me suis aperçu que M. Gudin a fait une concession à la perspective aérienne de la France en altérant un peu celle du nord de l'Italie. Je le blâme d'autant moins qu'il ne m'est jamais arrivé de faire un seul dessin dans les pays chauds sans être obligé de le retoucher à mon retour à Paris. C'est ce défaut de perspective aérienne sous un ciel brûlant, qui, chez les anciens maîtres de l'école italienne, est cause de ce que les fonds de paysages de leurs tableaux ont souvent l'air d'être sur les épaules des figures qu'elles représentent.

Le Salon, cette année, est assez fécond en tableaux *d'intérieurs*, et ceux qui sont exposés le plus loin dans la grande galerie ne sont pas toujours ceux qui valent le moins. M. Dauzats, dans sa *Cathédrale de Sainte-Eulalie*, à Barcelone, ne laisse rien à désirer. Ce tableau brille surtout par un faire large, une couleur chaude et de belles oppositions.

M. Bouton qui, je crois, a de la réputation dans le genre des *intérieurs*, a cette fois son *Eglise de la ville d'Eu*, qui est un peu froide et monotone.

Trois *intérieurs* de M. Renoux sont fort bien. Celui *de l'église Sainte-Patrice*, *à Rouen*, est on ne peut plus agréable.

Enfin, ceux de M. Lecerf, représentant *le Cloître de la cathédrale de Noyon*, et *la Chapelle de Notre-Dame-de-Bon-Secours*, dans la même cathédrale, sont frappans de vérité. J'ai seulement regretté que les figures de ce dernier me parussent un peu froides, ce qui ne provient que de la laque qui y domine trop et joue avec celle des vitraux qui sont au-dessus.

Je viens maintenant à la sculpture ou la statuaire, selon qu'il plaira de la désigner. Cet art a franchement abordé le presque colossal dans ses grands groupes, sans pour quelques-uns s'inquiéter s'il est possible de les réaliser. Il y a du dévergondage dans quelques compositions ; heureusement ce défaut est moins dangereux pour la statuaire que pour la peinture, attendu le nu auquel la pre-

mière est toujours promptement forcée de revenir à cause du peu de
sujets qu'il lui est permis de traiter sans lui.

Le Soldat de Marathon annonçant la victoire; statue en
marbre par M. Cortot. Ce sujet est mal choisi pour la sculpture;
je la crois incapable de le rendre. Le considérant comme il est ici
traité, le mouvement de cette figure, de grande proportion historique, est d'un beau développement. Cet ouvrage du plus haut
style a le galbe convenable; mais il ne rend point ce qu'il doit
exprimer dans ce soldat qui expire de lassitude au terme de sa
course, pour annoncer une victoire que la fatigue et sa respiration
haletante ne lui permettent plus d'indiquer que par la palme qu'il
soulève. Les détails sont beaux, mais peut-être, attendu la grandeur du style, ne sont-ils point assez largement soutenus dans
quelques endroits. De même, l'artiste aurait dû saisir la palpitation
du thorax dans un plus fort instant d'aspiration. Cette différence
dans le torse aurait animé cette figure, qui comme grande académie
a certainement beaucoup de mérite, mais elle me fait par sa tran-
quillité générale l'effet d'être à terre depuis long-temps. Elle ne
vient point de tomber; ou même, pour mieux dire, elle ne tombe
point. Je répète que ce sujet, qui demande beaucoup d'accessoires
pour être compris, n'appartient point au domaine de la statuaire.
L'expression du regard semble imprégnée d'un mélancolique con-
tentement; ce sentiment est trop faible pour un homme mu par
l'amour de la patrie, lequel devrait surtout avoir plus d'agitation
après avoir couru si long-temps, et plus de tressaillement en annonçant la victoire. Quoi qu'il en soit, si l'ouvrage de M. Cortot manque d'inspiration, cette figure n'en a pas moins de grandes beautés.

Satyre et Bacchante, groupe en marbre, par M. Pradier. J'ai
vu avec peine un puritanisme affecté se plaindre du choix de ce sujet.
Ceux qui sont à la portée de la sculpture sont si rares, qu'en vérité
c'est avoir envie de blâmer. Poussin, ce peintre de *la Bible* et des
sept Sacremens, dont l'âme sublime et naïve cependant conserva
toujours la rudesse de sa probe crudité; Poussin, dont le *Massacre
des innocens* fait frissonner le cœur de toutes les mères; ce noble
Poussin, dis-je, a fait des satyres, des faunes, des nymphes et
des bacchantes, depuis sa jeunesse jusqu'à sa mort. J'ajouterai plus:
il n'aurait point aussi bien fait ses *sept Sacremens* et peint *la
Bible,* s'il ne s'était occupé de ces sujets qui, comme les plus diffi-
ciles, sont ceux où le talent se montre le plus par la variété, l'action et la vivacité qu'ils exigent; sujets que l'obscénité seule trouve

licencieux , comme disait Michel Ange à Paul III , qu'il maltraita même en le rudoyant , quand ce pape s'efforçait vainement de lui faire voiler les figures de son *Jugement dernier,* ce à quoi Michel Ange ne voulut jamais consentir. Jules Romain de même, dont le *Triomphe de Bacchus* est le chef-d'œuvre, Rubens et d'autres grands peintres, sont sans cesse revenus à cette sorte de sujets, comme étant ceux sur lesquels on peut répandre le plus d'action , de verve et de poésie. Celui qui blâme parle à son aise ; il n'en serait pas de même s'il connaissait le peu de sujets de premier ordre qui offrent du mouvement. Qu'on voie combien peu la statuaire antique a laissé de figures dans ce genre. Même pour la peinture, ôtez la *Guerre des Titans* chez les anciens , le *Combat des Centaures et des Lapithes,* dont encore le vrai caractère n'est que la force comme dans la *Chute des mauvais Anges* chez nous ; l'occasion de faire un *Jugement dernier* ne se trouvant pas tous les jours, si l'on excepte le *Massacre des innocens* et quelques martyres de saints qu'on peut supposer se défendre , on verra combien est courte la légende des sujets de premier ordre qui sont susceptibles d'être animés. Or supposant qu'un sculpteur détache Satan ou un mauvais ange de la scène générale de leur chute , je répète qu'il n'aura que le type de la force comme dans un Titan ; mais s'il veut de la grâce et de la vivacité avec des natures différentes, il sera toujours réduit au genre de sujet qu'a choisi M. Pradier, à moins qu'au lieu du satyre on préfère un faune dont l'individualité ne serait point aussi piquante. J'y ai réfléchi mille fois ; on y reviendra sans cesse , à moins qu'on ne bannisse les arts comme à Sparte ou dans la république de Platon. Je ne discute point si ce bannissement serait plus fatal qu'avantageux ; mais , les arts existant, ceux-là seuls ont de l'obscénité qui trouvent licencieux de tels sujets quand ils sont traités avec sévérité, c'est-à-dire consciencieusement pour ce qui tient à l'art. Quant à la partie du beau sexe qu'on pourrait sottement dire qu'ils effarouchent, qu'elle se rappelle l'impératrice Livie, qui passant près d'un grand nombre d'hommes nus sur les bords du Tibre, où probablement ils se baignaient, dit aux conducteurs de sa litière qui semblaient hésiter : « Allez toujours , la « nudité des hommes ne produit pas plus d'effet sur une honnête femme que celle des statues. » Pourtant ce sont ces mêmes statues que voile ou mutile si souvent l'obscénité publique de nos mœurs. Comment se fait-il que dans les zones brûlantes , où l'inflammation du sang doit plus éveiller les idées libidineuses, on ne pense même point à ce que nous font inconsidérément blâmer nos lubriques préjugés ? Je me rappelle que dans mon premier voyage en Italie il m'est arrivé de marcher au Vatican, chez le pape, sur des tapis qui par ma foi représentaient bien autre chose qu'un satyre jouant avec une bacchante. Excepté moi, cependant, jeune Français sorti de mon pays avec ses préjugés, il ne venait dans l'esprit de personne de s'arrêter à ces tapis autrement que comme à des objets d'art. Je ne connais point M. Pradier, on ne peut donc me soupçonner aucun intérêt à prendre sa défense. Mais si le puritanisme affecté se montre si minaudier, la vertu ne l'est pas tant ; et, comme dit le proverbe espagnol, celui qui trop affecte d'avoir le chapelet à la main pense moins à Dieu qu'au diable. Ce ne sont point de tels objets d'art qui corrompent une nation. Les Grecs (en vain objecterait-on leurs croyances), les Grecs sculptaient et peignaient des bacchantes et des satyres dans les beaux temps de Marathon comme à l'époque si flétrissante pour eux de la bataille de Chéronnée. Ce qui perd un peuple, c'est l'égoïsme, l'amour effréné du gain, l'avide fureur mercantile qui saisit tout un Etat ; c'est le goût immodéré du luxe, des lectures frivoles et des théâtres, quand devenu trop populaire il éveille dans les classes inférieures toutes les prétentions de la vanité, et ne les polit que pour les pourrir. Ce qui corrompt une nation, c'est le désir outré chez les particuliers de sortir de leur sphère ; c'est l'abus du sophisme qui met le peuple dans un perpétuel état de convulsion, car l'erreur est moins dans ce qu'on ignore que dans ce qu'on sait mal. Enfin, ce qui perd un Etat, c'est quand les emplois publics s'y regardent comme le meilleur genre d'industrie en devenant la proie des intrigans ; quand le même homme peut être à la fois couvert de dignités et d'infamie ; et, pour tout dire en un mot, c'est quand le siècle est assez malade pour que ce qui passait pour vice se métamorphose en mœurs. Voilà, et non des représentations de satyres et de bacchantes, ce qui fait descendre une nation de cette hauteur morale où il lui est toujours difficile de remonter. Lecteur, veuille pardonner cet éclair politique à l'auteur du *Mentor des rois*.

Venant au groupe de M. Pradier, que ceux qui en blâment tant le sujet observent la vérité de ces deux figures d'une nature si différente. Qu'ils voient, pour pardonner à la verve créatrice et vivifiante de cet artiste, comme le marbre remue ; qu'ils observent le mouvement et la vivacité de ceux que ce même marbre représente. Qu'ils admirent la pose hardie de cette bacchante pleine de vie, la morbidesse délicate de son corps gracieux, surtout à la naissance de la poitrine près du cou. Qu'ils remarquent ses jolis bras rondelets, ses mains, ses pieds, ses contours délicieux, et les autres détails de ce charmant corps féminin. Quant au satyre, qu'ils regardent l'individualité de sa nature sèche, qui contraste si bien avec le galbe grassouillet de la bacchante. Qu'ils analysent la vérité de son torse, qu'ils observent son cou, ses bras, le gauche particulièrement, il est au-dessus de tout. La physionomie de ce satyre néanmoins est froide, trop sérieuse, elle manque d'animation. La nature hircine se montre bien dans sa tête ; mais les plans en sont mal accusés, l'expression n'est pas aussi heureuse qu'elle pourrait l'être à beaucoup près. Quelques personne prétendent que M. Pradier a reculé devant son sujet. Quant à moi, je crois tout bonnement que, comme je le disais de M. Ingres, M. Pradier n'a pas mieux fait parce qu'il n'a pas pu faire mieux. Il n'est donné à personne de créer une œuvre sans défaut ; et, comme cette tête était on ne peut plus difficile sans tomber dans la caricature, tel est peut-être ce devant quoi l'artiste a reculé, parce qu'il ne sentait point en lui la véritable inspiration. Je désirerais aussi que le thorax de l'homme-bouc fût plus soulevé, ce qui l'animerait davantage en diminuant l'apparence monotone de ses côtes. Quoi qu'il en soit, ces deux figures n'en sont pas moins une nature bien individualisée prise sur le fait ; elles pétillent de beautés. Cependant, si ce groupe est charmant, ce n'est pas là de la grande sculpture, et M. Pradier le sait aussi bien que moi, puisque la nature du satyre ne la comportait point. Aussi, le corps de la bacchante est-il traité plus largement.

Quelques autres figures m'ont paru bien. Parmi celles en plâtre, j'ai remarqué comme de jolis sujets qu'on pourrait exécuter sauf les corrections (je ne dis rien de plus) *le jeune Berger piqué par un Serpent et léché par un Chien,* de M. Maindron ; mais il faudrait que cet artiste châtiât sa figure, et lui donnât un meilleur galbe en y répandant plus de poésie dans les formes. Quoique ce petit berger soit bien la nature, il est loin d'être la jolie nature de cet âge.

Tout en désirant voir également en marbre le *David posant sur sa fronde la pierre qui va tuer Goliath,* par M. Barre, je ne puis m'empêcher de répéter ce que j'ai dit en parlant de M. Maindron, car si le mouvement de la figure m'a frappé, son dessin trop prosaïque m'a refroidi.

Je pourrais dire la même chose du groupe de *Daphnis et Chloé,* par M. Ramus. Ces deux figures sont joliment agencées, mais j'y voudrais plus d'individualité, sans l'outrer, et, comme je l'ai tant

répété dans les deux articles qui précèdent, j'y désirerais plus de
ce qui tient moins à la main qu'à la tête.

PLAFONDS DE MM. STEUBEN ET COIGNET.

Avant d'entrer en matière relativement à ces deux artistes, j'a-
voue combien en général je suis peu partisan des plafonds; ils faut
trop souvent s'estropier ou tout au moins se donner le torticolis pour
les regarder. De plus, j'aime encore moins le nouveau genre qui
s'est introduit dans l'ère actuelle, de faire tout simplement pour être
vus parallèlement à l'horizon, des tableaux qui ne devraient être
regardés que perpendiculairement au sol. La seule raison à donner
pour cela est que les artistes le trouvent plus facile : aussi les Italiens, fiers du mérite de leurs peintres décorateurs, prétendent
qu'aujourd'hui les Français ne savent plus plafonner. Les Italiens
ont raison. En effet, toutes les fois que les figures d'un plafond ne
le percent point par un mouvement ascensionnel, elles ont l'air de
tomber, se lient mal avec l'architecture, et tenant gauchement aux
voûtes, elles ne produisent plus l'effet qu'on en attend. J'ignore
quand a commencé ce genre de peinture dont je voudrais qu'on se
dégoutât, mais ce que je viens de dire n'attaque point le mérite des
tableaux dont je vais parler, on pourra les mettre debout quand on
voudra.

Bataille d'Ivry, Clémence de Henri IV après la victoire,
par M. Steuben. Henri IV à cheval parcourt le champ de bataille.
Son air noble est bien, quoique la bonté ne soit point assez peinte
sur son visage. La composition de cette vaste machine n'a rien de
confus dans son désordre dramatique. M. Steuben a de la verve; je
l'avais déjà remarqué dans la figure de son *Pierre-le-Grand* enfant, il avait l'air d'un petit lion. L'imagination et la verve, quand
elles sont réglées, sont les deux premières qualités de la peinture comme
de la poésie. L'individualité, sans arriver jusqu'au laid, se fait assez
poétiquement sentir dans les personnages qui composent les divers
épisodes de *la Bataille d'Ivry.* J'ai regretté cependant que celui
de d'Ailly qui retrouve son fils (au moins j'ai supposé que c'est lui
vers la droite), ne fût pas un peu plus saillant et plus brillam-
ment traité. Quelques détails et plus de lumière sur ces deux figures
qui doivent être ce qu'il y a de plus marquant après Henri IV,
n'auraient point fait de tort au reste du tableau. Le guerrier sur la

gauche, avec son bras en écharpe, est très-bien conçu, de même que le contraste ascétique du moine avec les figures qui l'avoisinent. Il y a de la variété dans ces expressions, et dans celle des soldats vers la droite. Les chevaux sont ce qu'il y a de moins bien, ainsi que le guerrier blessé, nu jusqu'à la ceinture, dont l'expression, quoique peignant la défaillance, est trop prosaïque, ainsi que la façon dont le nu est rendu. Le dessin paraît un peu grêle sous certaines armures ; cela souvent existe dans la nature, mais l'art doit trouver des remèdes pour tout, ou ne pas chercher à l'exprimer. La couleur générale du tableau est bonne et pleine d'éclat ; elle a cependant quelques rouges, quelques jaunes qui pêchent par leur crudité. Elle passe de même un peu brusquement dans le noir par masses à des endroits où Rubens n'emploierait que la terre de Sienne brûlée, qui produirait le même effet et répandrait beaucoup plus de chaleur. Si quelques détails également ne résistent point à l'analyse, si les divers plans ne sont pas toujours assez accusés dans les têtes, j'ai énuméré plus de qualités distinguées qu'il n'en faut pour qu'on oublie les imperfections de *la Bataille d'Ivry*, vaste machine qui, preuve qu'elle est vraiment belle, saisit au premier instant le spectateur. Malheureusement l'effet de ce plafond ne peut bien se juger où il est par les nombreuses anamorphoses qui, dès qu'on regarde un objet, défigurent tous les autres. Ce tableau, trop grand pour sa place, aurait besoin d'être vu de plus loin, pour que l'œil pût embrasser toute son étendue à la fois.

Expédition d'Égypte sous les ordres de Bonaparte, par M. Léon Coignet. Le chef de l'expédition, entouré de savans et d'artistes, dirige leurs travaux et le mouvement des troupes qui les protégent. Quoique Bonaparte n'ait pas visité la Haute-Égypte, je me garderai bien de blâmer M. Coignet de la licence qu'il a prise en le peignant à Thèbes sur les ruines du temple de Karnac ; toutefois je suis persuadé qu'il aurait pu tirer plus de parti de la visite que Bonaparte fit véritablement aux Pyramides de Gizhé, lesquelles, entre autres avantages, auraient plus animé le fond du tableau vers la droite, et donné plus d'immensité au désert. Mais venons au plafond de M. Coignet comme il est. Bonaparte, à l'abri du soleil sous un couvert de toiles suspendues au bout de lances, regarde du côté d'une momie qu'on vient de découvrir, et qu'un Arabe porte avec un habitant du pays. Un soldat semble voir cette opération avec une indifférence dédaigneuse. Bonaparte est entouré de Kléber, de quelques autres militaires et de savans. Un de ces derniers, vers la gauche, regarde un manuscrit qu'on a trouvé dans un vase scellé d'où l'on vient de le tirer. La scène se passe dans le désert. La composition de ce drame simple est fort bien, quoique manquant un peu d'élan et montrant de la timidité. Je suis fâché que Bonaparte ait une altération dans le costume qu'il portait à cette époque. M. Coignet n'est indubitablement tombé dans ce défaut que parce qu'il craignait qu'on ne l'accusât d'être plagiaire de Gros s'il le vêtait comme lui ; mais Bonaparte n'a pris le petit chapeau que lors de son avènement au consulat. Au 18 brumaire même, il portait encore celui qu'il a dans la peste de Jaffa. Je fais cette remarque parce que dans la composition actuelle du tableau, le plumet de Bonaparte et le schall qu'il portait en ceinture au lieu de celle de général en chef, auraient plus attiré l'attention sur le principal personnage de la scène. Je me suis aperçu que beaucoup de monde cherche Bonaparte, et que parfois même l'œil vulgaire quitte le tableau sans l'avoir vu. Cette facile altération aurait donc l'avantage de réveiller un peu le principal personnage, dont le schall ne gâterait rien non plus, puisqu'il serait dans la demi-teinte. Le tableau de M. Coignet est peint sagement ; la manière en est large. Le petit tambour qui regarde la momie est bien ; on peut rire à cet âge en voyant pour la première fois un semblable objet. Quant au soldat, il est un peu déplacé dans une scène qui devait être conçue gravement ; mais s'il manque de dignité, je défierais de le faire plus naturel et de le mieux planter. Le nu des deux Arabes est agréablement dessiné ; d'autres cependant leur désireraient peut-être un peu plus de galbe dans les contours et de fermeté d'exécution. Tous les détails sont largement faits. La couleur de ce plafond est belle, son harmonie brillante ; elle le serait davantage si l'artiste n'avait essayé de rendre le mirage. Comme il n'existe qu'à certaines heures du jour, ceux même qui peindraient dans le désert feraient bien de l'éviter, attendu le ton désagréable qu'il répand sur un tableau. M. Coignet a la réputation de tant aimer à faire bien, qu'on s'intéresse à son talent. Rien autre que cet intérêt peut engager à insinuer qu'un tel sujet pouvait se traiter avec un peu plus d'élan, plus de style et de grandiose. Je ne me permettrais point cette observation si je n'avais remarqué le même défaut dans le *saint Étienne* il y a quelques années. Que cet artiste parcoure les plus belles estampes romaines et florentines la première fois qu'il voudra composer, leur simple vue lui suffira. Bref, M. Léon Coignet est un de nos plus beaux talens.

Enfin, je suis au terme de la carrière que je m'étais proposé d
parcourir. On sent combien, dans un ouvrage tellement fait à l
hâte, il m'était impossible de mettre plus de méthode et de m'é
tendre davantage. Loin de chercher aucun lucre, je sais d'avanc
que j'en serai pour mes frais d'impression. Toutefois n'ayant en vu
que le bien de l'art, comme cet écrit ne sera plus bon à rien apr
la fermeture du Salon, cruellement talonné par le temps, j'ai le re
gret de me voir obligé de finir sans avoir parlé de nombre d'ou
vrages que j'aurais dû mentionner, et parmi lesquels il en est san
doute qui sont dignes du plus vif intérêt. Hélas! il n'y a point d
mauvaise volonté de ma part; j'ose donc prier les artistes qui s
croient dans ce cas de vouloir bien me pardonner.

FIN.